AMAR-SE
UMA VIAGEM EM BUSCA DE SI MESMO

Como seguir seu coração, respeitar sua identidade
e começar a amar quem você é

MARCOS LACERDA

Psicólogo e youtuber do canal Nós da Questão

AMAR-SE
UMA VIAGEM EM BUSCA DE SI MESMO

Como seguir seu coração, respeitar sua identidade
e começar a amar quem você é

© 2021 Marcos Lacerda
© 2021 VR Editora S.A.

Latitude é o selo de aperfeiçoamento pessoal da VR Editora

DIREÇÃO EDITORIAL Marco Garcia
CONCEPÇÃO DE PROJETO E EDIÇÃO Marcia Alves
PREPARAÇÃO Frank de Oliveira
REVISÃO Juliana Bormio de Sousa
PROJETO GRÁFICO DE MIOLO E CAPA Pamella Destefi

Dados Internacionais de Catalogação na Publicação (CIP)
(Câmara Brasileira do Livro, SP, Brasil)

Lacerda, Marcos
Amar-se: uma viagem em busca de si mesmo: como seguir seu coração, respeitar sua identidade e começar a amar quem você é / Marcos Lacerda. – Cotia, SP : Latitude, 2021.

ISBN 978-65-89275-07-7

1. Amor-próprio 2. Autoconfiança 3. Autoconhecimento 4. Autoestima 5. Comportamento (Psicologia) 6. Desenvolvimento pessoal I. Título.

21-63627 CDD-158.1

Índices para catálogo sistemático:
1. Amor-próprio: Psicologia aplicada 158.1
Cibele Maria Dias – Bibliotecária – CRB-8/9427

Todos os direitos desta edição reservados à
VR EDITORA S.A.
Via das Magnólias, 327 – Sala 01 | Jardim Colibri
CEP 06713-270 | Cotia | SP
Tel.| Fax: (+55 11) 4702-9148
vreditoras.com.br | editoras@vreditoras.com.br

Para você,
Razão absurda da minha esperança,
Face misteriosa do meu destino,
Elo e sorriso perpétuo de mãos dadas com meu futuro.

apresentação
EM ALGUM LUGAR DO PASSADO

FILMAR E FOTOGRAFAR. FALE A VERDADE, SÃO HÁBITOS tão comuns e automáticos que já estou quase colocando na mesma lista de necessidades básicas, como respirar ou comer. Aliás, tem gente que filma e/ou fotografa até o que vai comer, só para postar nas redes sociais, não é mesmo? É, esse tal mundo digital criou em nós o costume de eternizar os melhores segundos da nossa vida nos *smartphones*. Cada cena é capturada: o que fazemos, onde estamos, o que vemos. Tudo fica lá, guardado e até mesmo meio esquecido nas nuvens do ciberespaço. Quando eu era apenas um garotinho, as fotos eram reveladas e guardadas em álbuns; mas no final dava no mesmo, pois elas acabavam amareladas e a gente quase nunca tinha tempo ou interesse em folheá-las. Bem antes do cheiro de mofo que provavelmente você imaginou quando se lembrou desses álbuns, os homens primitivos também registravam o dia a dia deles pintando nas paredes das cavernas. Mas por que temos essa mania de registrar tanta coisa, o tempo todo, se é bem raro parar para olharmos esses registros?

Essa pergunta me ocorreu enquanto eu "passeava" pela tela do meu celular, revendo as fotos da minha última viagem de férias. Tantos sorrisos, tanto sol, tanta alegria... Lembrar-se desses momentos é sempre muito bacana, até porque também serve como um bom estímulo para a gente começar a planejar novas férias, tão bonitas ou até mais intensas.

Eu estava curtindo aquelas fotos em um momento bem único da nossa história. Era o comecinho do confinamento, imposto pela pandemia de Covid-19 que tinha tomado conta do planeta e transformado nossa rotina. E, com tudo parado – cidade, comércio, minha clínica – e todo mundo trancado em casa, eu tinha tempo livre para relembrar essas coisas.

Um fato interessante é que eu havia ouvido de alguns amigos que, desde que o isolamento social fora imposto, eles vinham tendo sonhos com situações relacionadas ao passado. Uns disseram que se viram viajando por lugares onde já tinham estado, outros revisitaram a infância e outros reviveram bons momentos da adolescência. E foi olhando para as fotos das minhas últimas férias que entendi por que, desde sempre, temos o hábito de registrar os momentos que vivemos: porque o passado é sempre mais seguro. É um sentimento de segurança que vem do fato de já sabermos como as histórias começam e terminam. As cenas do passado fazem nosso inconsciente transmitir a falsa sensação de que controlamos alguma coisa nesta vida. É por isso que é comum, quando estamos infelizes, pensarmos em situações do passado: "Ah... se eu não tivesse acabado tal namoro eu teria sido feliz", "Mas... se eu não tivesse pedido demissão daquele emprego, hoje minha vida seria outra". Você certamente deve resgatar algum momento assim na sua memória agora.

Olhar para o passado, ou tentar voltar para ele quando as coisas não vão bem, é, sem dúvida, algo muito protetor. Na verdade, é um artifício mental que traz alguns benefícios, pois, mesmo que o passado possa despertar lembranças desagradáveis ou dolorosas, é graças a ele que construímos nossa identidade. Uma pessoa que não considera seu passado é como uma árvore sem raiz, que tomba ao primeiro vento. O passado nos protege, pois nos dá lucidez para enxergar quem somos. E retornar a ele quando o momento presente fica mais difícil cria um reforço importante que nos leva a acreditar que dias melhores estão por vir. E a pandemia nos deixou essa lição.

Fui arrancado dos meus pensamentos por um aviso sonoro no celular informando que mais um e-mail havia chegado na caixa de mensagens do meu canal no YouTube, o Nós da Questão. Coincidências existem? Alguns dirão que sim, outros gritarão que nada é por acaso. Seja como for, o título do e-mail chamou minha atenção: "A viagem não termina assim". Eu, olhando fotos das últimas férias, buscando as boas lembranças do passado e, de repente, esse e-mail. Curioso, abri a mensagem.

Caro Marcos Lacerda,

A viagem não termina com o encontro dos apaixonados, como você escreveu. Penso que a conclusão do seu livro **Amar, Desamar, Amar de Novo** é adequada, mas não é completa. Você conta histórias de relacionamentos atravessando as pontes entre o convívio, a paixão e o amor, mas não conta a história das pedras encaixadas para sustentar essa travessia de um ponto a outro.

Por favor, não tenha esse e-mail como uma afronta. É apenas o ponto de interrogação de uma mulher que acredita já ter viajado os quatro cantos do mundo em busca de respostas, mas se sente presa no mesmo lugar comum.

Gosto do seu trabalho, mas parece muito fácil conjugar

o verbo amar como se isso fosse o suficiente para alcançar um amor, e dar voz ao meu canto que não encanta mais ninguém desde os tempos da universidade. Eu quero não só conjugar, mas também desejo viver esse amar!

Estudei o suficiente para ter o conforto de uma liberdade econômica que meu ex-marido odiava, e eu sentia que aquele lar era o sonho dos meus pais. Mas, para mim, era um pesadelo do qual eu só queria acordar. Quando finalmente acordei, vi diante do espelho o reflexo de uma mulher fracassada quando o assunto é amor. Assisti a todos os vídeos do seu canal, li seu livro e outros tantos sobre o mesmo tema, e disso tudo duas certezas ficaram: eu sei pouco sobre mim e anseio por ter um amor na minha vida.

No capítulo em que você discorreu sobre "Traição: amor nos tempos da infidelidade", lembrei-me do banho frio de realidade quando entendi que meu amor não me amava, e eu não amava o casamento que ajudei a construir. Acho que foi aí que desisti do rio da paixão e me deixei secar.

Nunca mais saltei da margem, e virei *expert* em consumir conteúdos que parecem fincar meus pés cada vez mais na borda. É interessante como vocês, bons autores, têm a sensibilidade de tentar ajudar produzindo manuais como botes salva-vidas para corações vazios que, como barcos-fantasmas, esperam uma tripulação subir a bordo. O problema é que, para muitos corações, essa tripulação nunca chega.

Sempre dancei conforme a música, mas dançar sozinha perdeu a graça; afinal, como disse Nietzsche, aqueles que foram vistos dançando foram julgados insanos por quem não podia escutar a música. Não quero mais ser a louca que dança sozinha uma música que ninguém ouve. Viver assim é pouco para mim. Muito. Pouco.

Seu livro sobre amar é muito bom, e ele me fez descobrir quanto ainda preciso ir mais além para matar essa fome que sinto de ter um amor, como aqueles a que meus olhos assistem freneticamente de série em série, filme em filme, livro em livro... É como se em meu coração existisse um buraco negro onde a luz se perdeu e tudo foi inundado de saudade.

Escrevo-lhe da minha sala fria, confortável e colorida mesmo nestes dias em que sou as cinzas de um confinamento involuntário, numa pandemia que une o mundo à toxicidade de expectativas e ansiedades. Meu filho, que preferiu ficar na casa do pai, parece estar feliz em me ver aos domingos, por vídeo, numa chamada protocolar. Isso me faz ainda mais sozinha e, do meu vazio, eu só queria amor, mas não me reconheço mais e espero qualquer vacina que me dê algum tempo para procurar onde foi que eu me deixei.

Marcos, não sei se você lerá esse e-mail ou se irá respondê-lo, mas só desejo que você me entenda e que continue firme no seu trabalho, para que possa me ajudar cada vez mais, de uma forma ou de outra, a voltar a mergulhar no rio das paixões, do amor e da esperança.

Beijos e obrigada por tudo.
Atenciosamente,
Penélope

Muitos dos e-mails que recebo me ajudam a nortear o conteúdo que crio para o Nós da Questão, e há outros dos quais acabo apresentando as histórias nos vídeos-resposta do canal. Mas essa mensagem, especificamente, chamou muito minha atenção. Li esse e-mail várias vezes, refletindo a respeito do que eu teria a dizer sobre o que Penélope pensava de si mesma e do meu trabalho.

Quando escrevi *Amar, Desamar, Amar de Novo*, consegui proporcionar às pessoas uma série de ferramentas para que elas pudessem lidar melhor com sexo, ciúmes, traição, casamento, separação, individualidades e tudo mais que diz respeito a dividir a vida com outra pessoa; ao mesmo tempo, dizia que não existiam fórmulas prontas para isso. Mas esse e-mail, entretanto, me fez perceber que havia a necessidade de se dizer mais. De contar a história das pedras encaixadas que ligam as pontes que permitem que se chegue até o amor a que a moça havia feito referência em seu e-mail. Escrevi muitas coisas sobre como amar o outro. Agora, esse e-mail me diz que era hora de falar sobre como amar a si mesmo.

Sim, pois quem busca o amor e não encontra são pessoas que ainda não entenderam que, antes da aventura do amar, desamar e amar de novo, é preciso viajar para dentro, para alcançar as surpresas que estão escondidas em si mesmo. Para avançar no jogo da vida amorosa, é preciso dar um tempo, parar e voltar algumas casas a fim de conhecer os próprios limites e as próprias autossabotagens.

Nosso passado, as decisões que tomamos, as relações que estabelecemos com a sociedade, nossa infância, a família, os amigos, os amores que cruzaram nosso caminho... O somatório das nossas experiências vai nos moldando, mas ao mesmo tempo vai fazendo com que nos percamos de nós mesmos. Por medo de sofrer ou de sermos julgados, muitas vezes renunciamos à nossa essência

– ou deixamos de saber que ela existe – e terminamos em um desencontro com nossa alma. E, aí, a gente acaba esquecendo quão especiais somos, e paramos de ver a força com a qual nossa luz interna consegue brilhar.

Então, é hora de você se reapossar de partes de você mesmo. Resgatar as peças que se perderam no caminho, mas que na verdade estão aí dentro, bem guardadas, e que precisam ser colocadas de volta no quebra-cabeça da sua vida.

Que bom que você está aqui para seguirmos esse percurso juntos. Eu quero ajudá-lo nessa jornada em que você vai ter a oportunidade de refazer seus caminhos internos, na busca de si mesmo. Afinal, viajar no oceano do autoconhecimento é aprender a se amar e a se perdoar. Por isso, este livro é um convite a uma viagem ao universo do seu amor-próprio, porque ele é a pedra que sustenta as pontes dos afetos.

Mas se você já revirou os olhos achando que estou falando da ideia clichê do "ame a si mesmo antes de amar alguém", para, bebê! Pense comigo: quando você está cheio de paixão por alguém, o que mais quer é conhecer o máximo de detalhes sobre a pessoa. E cada coisinha nova que você descobre vai alimentando a admiração e fazendo crescer o sentimento que você tem por ela. Ou seja, quando você se apaixona por alguém, precisa antes conhecer, apreender e desvendar cada traço dessa pessoa. Se é assim com os outros, por que negligenciamos esse comportamento em relação a nós mesmos? Só estaremos prontos para uma viagem a dois quando conhecermos de cor o mapa do respeito por quem somos. Esse é o nó da questão que quero desatar com você neste livro.

Se você me acompanha nos vídeos na internet, ou já leu *Amar, Desamar, Amar de Novo*, sabe que sempre fui contra a ideia de que somos uma metade procurando a outra. Somos pessoas inteiras e, por isso, precisamos nos conhecer por inteiro! Uma relação feliz entre duas pessoas não deve esperar que uma preencha os vazios da outra, mas, sim, que juntas busquem construir algo maior que elas mesmas. São dois seres, com a responsabilidade de contribuir para a saúde da relação, para que ela traga muitos momentos de felicidade e de crescimento mútuo.

Entenda que precisamos saber nos sustentar emocionalmente antes de pensarmos em nos dividir com alguém. Precisamos cuidar de nós mesmos, ser nossa melhor versão e nos apaixonar por ela. O que a moça do e-mail não percebeu é que, só quando isso acontece, as possibilidades de encontrar um amor aumentam, porque esse fato "respinga" naqueles que nos rodeiam e permite que seus olhos encontrem os de uma pessoa que sempre quis a mesma coisa que você: amar e ser feliz. E isso não é nada mágico, místico ou transcendental. É simplesmente seu amor-próprio deixando você brilhar e encher de luz o olhar de alguém.

Este livro não é o passaporte que fará você cruzar magicamente suas fronteiras internas e, ao final, ver tudo colorido, cheio de música e unicórnios. Sem chance, bebê! Para essa viagem, é preciso a coragem de saltar para dentro do seu universo particular, parar de remoer o passado e deixar de fora ideias, conceitos ou pessoas que nunca somaram e só fizeram com que você se subtraísse. Se você não quer depender da sorte dos dados lançados para o alto pela casualidade da vida, se quer descobrir como se melhorar para finalmente amar com a alegria de quem nasceu para ser livre e feliz, é hora de vir comigo rumo ao primeiro capítulo dessa viagem. Garanto que você vai se surpreender. Vamos juntos?

capítulo 1

ANTES DE EMBARCAR, AVISO: A VIAGEM É TODA SUA

PROGRAMAR-SE PARA UMA VIAGEM É UMA DELÍCIA. Escolher o roteiro, procurar informações na internet sobre os melhores lugares para visitar, descobrir o clima, os pontos turísticos, os eventos... Então, a partir de agora eu convido você a fazer uma viagem bem diferente. O destino? Uma aventura na busca do seu amor-próprio e do seu verdadeiro eu. E, desta vez, não vamos de classe econômica. Quero que você esteja bem acomodado no melhor lugar da primeira classe. Afinal, já que vamos trabalhar a autoestima, você não pode começar essa aventura se achando o último da fila, já quase perdendo a vaga. Então, para você, hoje é embarque prioritário. Porque é exatamente isso que você precisa: priorizar-se.

Enquanto estivermos nessa experiência, quero que se perceba como o centro, o indispensável. Bem focado em si mesmo, você será capaz de descobrir quem realmente é, e conseguirá se livrar de muitas coisas que lhe ensinaram e que bloqueiam sua autoconfiança. Afinal, é bem verdade que cada um de nós se constrói por meio da convivência com os outros, mas nem por isso você precisa (nem deve) manter dentro de si todas as crenças ou comportamentos impostos pela família, pelos amigos ou pela sociedade. Conversaremos sobre isso mais para a frente. Antes, vamos iniciar nossa viagem no seu passado mais distante. Tão distante que você nem vai lembrar como foi – mas é importante que o ponto de partida seja ele.

Nossa trajetória começa lá dentro da barriga da sua mãe. Só existia você. Além disso, havia proteção, alimento e a temperatura ideal. Cômodo e confortável... Até que, de repente, você nasceu. E começou a se dar conta de que era completamente dependente do mundo exterior para sobreviver. Você chorava por cuidado, carinho, atenção, comida... E ao crescer foi carregando esse sentimento de dependência e se tornando meio obrigado, de uma maneira ou de outra, a corresponder às expectativas dos que o rodeavam.

E é por isso que, mesmo depois de adulto, receber críticas, decepcionar quem você ama, ser julgado, rejeitado, abandonado... tornam-se alguns dos medos paralisantes que o levam a ir se moldando às expectativas do mundo, até que, sem perceber, você constrói uma zona de conforto afetivo-comportamental, na qual se sente protegido. E procede assim porque a aprovação dos outros traz uma sensação de segurança e pertencimento que o vai moldando de uma maneira "meio torta", fazendo com que coloque etiquetas que o aprisionam e lhe roubam a espontaneidade. Nesse movimento de tentar agradar, representando os comportamentos socialmente esperados, você começa a minar a convivência consigo mesmo e vai, pouco a pouco, percebendo-se como incapaz, incompetente, desinteressante, frustrado, infeliz... às vezes uma fraude. Um ser que, aos olhos dos outros, parece bem-sucedido e adequado ao que o mundo espera de você. Por isso, não é raro que muitas pessoas apresentem, em maior ou menor grau, traços da chamada síndrome do impostor.

Para você entender melhor o que seria isso, vamos visitar um dos casos que atendi em meu consultório. Uma situação que tem muito a lhe ensinar sobre você mesmo. Lembrando que, para manter o sigilo (fundamental numa psicoterapia), os nomes e detalhes das histórias que aparecem neste livro foram alterados.

Lorenzo, um jovem de 30 anos, veio me procurar em busca de solução para um ciúme excessivo, que estava colocando em risco a relação com a namorada, da qual pretendia ficar noivo.

As sessões se passaram, até que descobrimos juntos que, por trás dos ciúmes, havia na verdade uma insegurança gigantesca que ia bem além da sua vida amorosa. Apesar de ser o tipo "certinho", que se empenha em fazer tudo como manda o figurino, ele vivia angustiado, perturbado pelo medo de que um dia as pessoas descobrissem que não era tão bom profissional quanto pensavam.

Embora de família humilde, Lorenzo conseguiu crescer na vida. Aos 12 anos, entrou em um programa patrocinado por uma empresa privada no qual davam aulas de música de graça, e se descobriu encantado pelo som do piano. O tio, ao ver o garoto treinando as lições em casa, com teclas desenhadas numa cartolina sobre a mesa, conseguiu dar-lhe de presente um velho teclado de terceira mão. Foi o empurrão de que precisava. Enquanto concluía os estudos, ganhava a vida tocando em casamentos e formaturas. Participou de um concurso para uma oportunidade de estudar piano no exterior, e por alguns anos integrou uma conceituada orquestra da Europa. Voltou para o Brasil quando o pai foi diagnosticado com câncer terminal e acabou ficando de vez por aqui.

Em uma das sessões, Lorenzo me relatou o seguinte:

Nunca acho que sou realmente competente nem como homem nem como músico. As pessoas pensam que sou um bom pianista, mas conheço muitos músicos infinitamente melhores que eu. Considero-me um cara muito sortudo por

> ter conseguido passar tantos anos trabalhando na Europa, mas em cada apresentação, em cada ensaio, eu sempre achava que aquele não era o meu lugar, que tinha gente muito melhor que eu que merecia estar onde eu estava. O câncer de meu pai acabou sendo a desculpa de que eu precisava para largar tudo, porque a verdade é que eu morria de medo que descobrissem que eu não era tão bom quanto pensavam. Da mesma forma, acho que a qualquer momento a mulher que amo vai me trocar por alguém melhor.

Indivíduos que apresentam traços da síndrome do impostor duvidam das próprias competências, de sua inteligência, não acreditam na própria capacidade nem valorizam suas realizações pessoais. Têm sempre a impressão de não merecerem o lugar que ocupam no trabalho, a vaga no concurso no qual passaram, a família ou o amor que conquistaram etc. Ou seja, não confiam que o sucesso que alcançaram se deve a eles mesmos. Sempre acham que foi graças aos amigos, ao destino, ou por pura sorte! Por isso, potencializam a capacidade dos outros e duvidam de suas próprias habilidades, o que compromete muito seu amor-próprio.

É daí que vem o sentimento de ser uma fraude, de sempre estar enganando os outros e de não ser digno dos amores conquistados. Na cabeça do impostor, qualquer elogio que ele receba vem de uma percepção errada de si mesmo que ele alimentou no outro.

Com o andar das sessões, ficou claro para Lorenzo que seu ciúme exagerado estava ligado à relação ruim que ele tinha consigo mesmo e com quanto sua forma de se construir como pessoa o havia distanciado de sua essência. Na viagem ao interior de si mesmo que a psicoterapia começou a lhe proporcionar, ele foi pouco a pouco reencontrando seu centro e começando a abandonar a necessidade de ser a personagem que os outros esperavam. Isso, certamente, abriu-lhe portas internas para começar a viver um amor verdadeiro e se entregar a ele. Pela primeira vez, ele reconhecia seus valores e conquistas.

Pelo exemplo de Lorenzo, você pode perceber que, se o medo ou a ignorância sobre quem você é o dominarem, a "personagem" que você vive se tornará rígida e você correrá o risco de passar a vida repetindo os mesmos esquemas de pensamentos, comportamentos, reações e descrenças que, de uma forma ou de outra, a vida lhe ensinou. E aí, por mais que consiga conquistar tudo que procurava, não vai se sentir confiante nunca. Deixar-se enraizar no terreno árido da autossabotagem tende a impedir a viagem rumo ao centro de si mesmo. Para voar alto, é preciso leveza e pensamento flexível.

É hora de você começar a se oferecer o amor e o acolhimento que tanto busca fora de si mesmo. Você não é nem nasceu para ser um impostor. Por isso, permita-se explorar interiormente, sem julgamentos ou preconceitos. Quando encontramos nossa verdadeira natureza, descobrimos o amor dentro e fora de nós.

Quando digo que essa viagem é toda sua é porque só você pode mudar sua relação consigo mesmo. Então, chegou a hora de você se perguntar:

- Quem sou eu?
- Em que sou diferente dos outros?
- O que me dá o direito de amar e de ser amado?
- Quais sonhos são verdadeiramente meus?
- Quais são minhas dores?

É claro que esses questionamentos são apenas breves provocações para que você comece a pensar em outras tantas perguntas que você precisará se fazer nessa jornada em busca de si mesmo. Mas não dá para viajar sem bagagens, então...

É HORA DE REFAZER AS MALAS

A primeira coisa que precisamos ter em mente é a preocupação com o excesso de bagagem; afinal, quanto mais peso, mais difícil fica qualquer travessia. Então, quanto pesa sua mala interior? Talvez bem mais do que você imagina. Porque existe um fardo que você carrega, muitas vezes sem perceber. Coisas em que acredita, mas que acabam se tornando entraves que paralisam sua mente. São as chamadas crenças limitantes.

As crenças, no sentido da palavra, consistem em pensar que uma coisa é possível ou que pode se realizar. E elas são fruto da forma como nossos parentes nos educam e de outras coisas que aprendemos ao longo da vida em sociedade – às vezes, nem precisam ser ensinadas, elas surgem das situações que vivenciamos. As crenças limitantes, por sua vez, funcionam como freios que fazem você acreditar ser incapaz de sonhar, realizar, conquistar ou mudar determinadas coisas sem nunca ao menos ter tentado.

A seguir, veremos algumas crenças limitantes bem comuns e, ao lado de cada uma, sua versão oposta, que é a crença potencializadora. Tenho certeza de que muitas dessas formas negativas limitam sua mente e você nem se dá conta disso.

Crenças sobre você

CRENÇA LIMITANTE	CRENÇA POTENCIALIZADORA
Não sou bom o suficiente.	Ninguém é bom o suficiente e, mesmo não estando na minha zona de conforto, posso buscar o que for preciso para dar o meu melhor.
Não sou suficientemente bonita(o).	Não preciso atender aos padrões de beleza da sociedade e mesmo assim posso me sentir especial.
Sou muito velho (ou muito jovem) para isso.	Tudo tem seu tempo, e vou viver e aproveitar o que for possível independentemente da minha idade.
Não sou inteligente ou não sei o suficiente.	Vou buscar aprender e vou insistir em superar minhas dificuldades até dominar o assunto.
Minha vida seria melhor se os outros fossem diferentes.	Não posso controlar o comportamento dos outros, somente o meu.
Não tenho tempo ou dinheiro suficiente.	Vou descobrir como organizar melhor meu tempo e como me aperfeiçoar para ganhar o dinheiro que preciso ou administrá-lo melhor.
Ninguém vai me ouvir ou se importar com o que tenho a dizer.	Tenho confiança nas minhas ideias, e as colocarei mesmo se as pessoas não se interessarem pelo que tenho a dizer.
Não posso ser do meu jeito ou serei julgado.	Sou o que posso ser, se não é o suficiente ou se não agrada a alguns, esse problema não é meu.
Minha família não tem boas condições e por isso minha vida será sempre desse mesmo jeito.	Tenho autonomia para fazer meu próprio destino e criar minha vida. Minhas condições podem ser difíceis hoje, mas elas não definem meu futuro.

Crenças sobre o amor

CRENÇA LIMITANTE	CRENÇA POTENCIALIZADORA
Não mereço ser amado(a).	Tenho defeitos e virtudes como qualquer pessoa, e serei amado(a) por quem souber entender isso.
Nunca vou encontrar outra pessoa igual à que perdi.	Todo amor nos traz uma pessoa diferente, e aprenderei a descobrir os prazeres e as alegrias que um novo relacionamento tem a me oferecer.
Não existe ninguém que preste.	Nem todo mundo é igual, e vou aprendendo com minhas experiências a identificar pessoas legais.
Amar é algo que machuca muito.	Fechar-me para o amor, por medo do sofrimento, não impedirá que eu sofra.

Crenças sobre carreira e negócios

CRENÇA LIMITANTE	CRENÇA POTENCIALIZADORA
Não sei fazer nada.	Posso aprender a fazer coisas que ainda não sei fazer.
Não mereço nem vou ter sucesso.	Todo mundo merece ter sucesso. Por isso, vou dar meu melhor e buscar me superar a cada dia, para ser reconhecido e alcançar meus objetivos.
Não sei deixar as coisas perfeitas como deveriam ser.	A perfeição é apenas um ideal. O importante é começar e ir crescendo aos poucos, até chegar ao melhor que eu possa fazer.
É tarde demais para aprender uma profissão nova.	Agora é o momento certo, porque estou preparado! Vou procurar usar a maturidade das minhas experiências a meu favor.

Substituindo as crenças limitantes pelas potencializadoras, você vai perceber que este é o melhor momento para tirar todo o peso da sua mala. Você vai conseguir se libertar das crenças limitantes seguindo um caminho feito de várias questões, até que consiga desconstruí-las. Pense comigo sobre algumas delas:

1. Quais são suas crenças limitantes?

Você conseguiu identificar em si próprio algumas das crenças limitantes que listei acima? Tenho certeza de que muitas outras surgiram na sua cabeça enquanto você lia as listas. Então, pegue papel e lápis, olhe para sua mala interior e enumere as crenças que limitam sua vida – não tem problema se algumas delas coincidirem com as que mencionei; ao lado, coloque a face positiva de cada uma. Esse já é o primeiro passo para tirar parte do peso que o impede de se amar, encontrar um amor e ter uma vida abundante. Essa primeira lista vai ajudá-lo a identificar algumas áreas da sua vida em que residem seus entraves mais frequentes. O processo de escrita permite que você examine cada uma delas e até sinta a emoção que elas lhe trazem.

Saiba que essa lista estará sempre em constante atualização, porque as crenças limitantes muitas vezes não estão explícitas, ficam lá no nosso inconsciente e vão se revelando nos comportamentos do dia a dia. É por isso que talvez você venha a se surpreender quando uma nova crença limitante surgir do nada.

Mas a ideia aqui é identificar as mais centrais e transformá-las em um novo esquema de pensamentos. Foi por isso que lhe pedi para anotar a versão positiva de cada uma delas. Criar afirmações positivas sobre as negativas ajuda a desmontar os mecanismos que o fazem funcionar no modo automático. Cada vez que uma crença limitante lhe vier à cabeça, se esforce para substituí-la pelo seu contrário positivo. Se quiser, ande com sua lista no bolso.

"Ah, agora esse psicólogo quer me convencer de que, se eu me acho feio e repetir para mim mesmo o contrário, minha aparência vai mudar." Para, bebê! Seria um tipo de otimismo histérico, e não é disso que estou falando. Se você se acha feio e pensa que não encontra um amor por isso, ficar repetindo para si mesmo que é bonito realmente não mudará nada. Mas se disser: "Eu me acho feio, mas essa é apenas minha opinião a meu respeito", essa ideia deixa de ser uma verdade absoluta na sua cabeça e abre espaço para que você entenda que outras pessoas podem percebê-lo de forma bem oposta à sua.

2. Suas crenças limitantes são reais?

A segunda coisa a fazer é questionar aquilo em que você acredita. Reflita se essas crenças que você listou realmente fazem sentido quando aplicadas à sua vida. Em qual momento elas surgiram em você? Qual foi a experiência que você viveu para ter essa crença hoje?

Também é útil se perguntar se está valendo a pena viver agarrado a essa crença, ou se ela é como uma roupa antiga que você encontrou no fundo do armário ao fazer as malas para essa viagem. Às vezes, os anos passam, aquela crença permanece e, apenas quando você tem a oportunidade de se ver de frente com ela, percebe que não faz mais o menor sentido tê-la.

Questionar-se vai fazer com que você enfraqueça o efeito limitante das suas crenças. Você certamente descobrirá que só lhe fará bem deixá-las fora da sua bagagem emocional.

3. Como você percebe o mundo ao seu redor?

Muitas vezes, o que acreditamos ser realidade são apenas fantasias projetadas sobre alguém ou alguma situação. Esse processo de observação e questionamento vai ajudá-lo a perceber que suas vivências negativas fazem sua mente interpretar uma experiência emocional dolorosa, transformando-a em uma limitação. É algo do tipo: "Não vou estudar francês porque sempre fui reprovado em inglês". Na verdade, a emoção que você sentiu quando foi reprovado ficou fortemente ligada a essa experiência, dando origem a uma crença que o impede de tentar aprender qualquer idioma – ou de reavaliar a possibilidade de aprender inglês novamente sob outra realidade.

Lembra-se do mito da caverna de Platão, que narra a experiência de pessoas presas em uma gruta escura desde o início da vida, que conheciam o mundo apenas por meio das sombras projetadas na parede que tinham diante de si, sem se darem conta da realidade luminosa e desconhecida que havia atrás delas? Pois bem, saia da caverna emocional e pare de viver experiências com base em sombras projetadas. Enfrente suas emoções e conceitos e se dê uma nova chance. Tudo pode ser transformado, porque nada é constante e definitivo na vida.

4. E se essas crenças não forem suas?

Olhe novamente para sua lista. Como você se sentiria sobre essa crença se ela fosse de outra pessoa? Esse é um exercício de percepção da sua realidade pelos olhos de outra pessoa, como se você se visse "de fora".

Quando você abrir essa nova perspectiva, vai começar a experimentar a vida com ideias diferentes. Claro que experimentar comportamentos com os quais não está acostumado será em princípio desconfortável. Mas você vai se empolgar quando começar a colher o resultado de cada nova crença e, a partir daí, estabelecer uma nova visão do que considera verdadeiro. O que estou lhe propondo é que lute contra seus demônios interiores, evite o desencorajamento e comece a acreditar em algo novo. Isso o ajudará a adotar um novo sistema de crenças e de visão de possibilidades que se implantará no seu cérebro.

Superar crenças limitantes e sair da sua zona de conforto é um exercício que exige repetição e perseverança. Entretanto, a cada crença limitante que você derrubar, sua autoconfiança e seu amor-próprio vão aparecer mais fortes. E é assim que, pouco a pouco, você vai conseguir pensar o mundo de uma forma nova, o que lhe dará o direito de ser uma pessoa emocionalmente mais rica e feliz.

NA BAGAGEM, VOCÊ DEVE LEVAR AS MÁSCARAS?

O ano marcado pelo surgimento da Covid-19 inseriu o uso obrigatório das máscaras na rotina de todo mundo. Junto, veio um período de isolamento social que trouxe o sentimento de que a vida tinha assumido o tamanho de uma caixa de fósforos. Sem planos, sem perspectivas, aguardando o surgimento de uma vacina e impedidos de ter contato físico com os outros, começamos a não poder mais fugir de nós mesmos.

A fim de entendermos melhor esse encontro forçado com quem somos, voltemos ao meu consultório para escutarmos um pouco da história de Lídia, uma senhora que vinha tendo crises de ansiedade, depois de completar 50 anos.

Essa sensação ruim, de estar ficando velha, começou logo depois que completei 49 anos. Mas achei que era bobagem, e que logo iria passar. Sinto-me bem com meu corpo e acho que, para minha idade, estou ótima. Só que, do nada, comecei a pensar no envelhecimento como uma indignidade. A pele da gente vai perdendo a elasticidade e sinto meu rosto como uma máscara de cera que começa a derreter lentamente. Talvez quem olhe de fora não perceba, mas é assim que me sinto. E, agora que fechei os 50, começaram essas crises de ansiedade. Falta o ar, fico meio dormente e gelada; é um horror. E, para piorar, quando me olho no espelho é como se eu não me reconhecesse mais. Parece que a mulher que sempre fui se perdeu e virei um fantasma. É como se tudo que sempre fiz e vivi não fosse eu. Ando com medo de estar enlouquecendo.

Na verdade, Lídia não estava enlouquecendo. Era bem o contrário disso. Com o andar do tratamento, mesmo considerando que a sociedade insiste em vigiar e punir o envelhecimento feminino, convidando as mulheres ao ostracismo e à invisibilidade social, fomos descobrindo que, no caso dela, a aflição com o envelhecimento era apenas a ponta do *iceberg*. Fazendo um balanço de sua trajetória, ela se deu conta de que muitas escolhas e comportamentos que assumiu durante a vida não haviam sido bem uma escolha dela, mas sim consequência da vontade da família ou da sociedade. A máscara de cera que Lídia sentia derreter não era apenas a da pele envelhecendo. Ela finalmente começava a perceber que durante anos máscaras haviam coberto seu verdadeiro rosto e que, com a idade, isso começou a se tornar insuportável.

O caso de Lídia serve para mostrar que as pessoas já usavam máscaras antes mesmo da pandemia. São as chamadas máscaras sociais, e era isso o que a paciente não aguentava mais ver no espelho. Assim como a idade fez com que Lídia passasse a questionar mais sobre si mesma, as consequências sociais da Covid-19 colocaram você diante de um "eu" interior que provavelmente você jamais imaginou que existia, e agora é hora de aprender a conviver com ele e respeitá-lo.

Óbvio que as máscaras sociais são absolutamente normais quando vivemos em coletividade. No entanto, muitas pessoas, como no caso da minha paciente, deixam essas máscaras tomarem o lugar de sua verdadeira personalidade e perdem, sem se darem conta, a liberdade de escolha. Ou seja, acabam presas aos desejos, à educação e aos valores que a família e a sociedade lhes impõem, a ponto de esquecerem que estão mascaradas.

Sem ver que as máscaras sociais estavam refletindo o que ela se sentia obrigada a mostrar ao mundo, ao mesmo tempo que a escondiam de si mesma, Lídia foi montando uma vida baseada em personagens que ela criara, e não em verdadeiras trocas consigo mesma e com os outros.

Sei que às vezes é perigoso nos mostrarmos completamente para os outros, pois todos temos necessidades de manter alguns segredos longe dos julgamentos do mundo. O problema é que, quando você não se dá conta dos limites dessas máscaras, corre o risco de não conseguir mais perceber a diferença entre o que os outros esperam de você e suas necessidades.

Sem que você perceba, seu eu profundo acaba devorado por máscaras e você para de questionar quem é de verdade. Com sua identidade original perdida, você chega a um ponto em que não sabe mais quais são suas crenças, gostos e modos de agir. E se está perdido de si mesmo, como ter um amor-próprio sólido? Como amar, desamar, amar de novo outras pessoas?

Depois que Lídia compreendeu que a indignidade à qual ela se referia não era a pele flácida e com rugas, mas sim o não poder ser quem realmente era, as crises de ansiedade começaram a ser controladas, ajustes na sua vida foram trabalhados e ela passou a fazer coisas que nunca havia tido coragem por lhe parecerem ridículas ou inapropriadas para a sua idade. Até que finalmente fez as pazes com essa estranha que existia dentro dela e ambas se tornaram o que jamais deveriam ter deixado de ser: uma só pessoa.

SOBRE O USO CORRETO DAS MÁSCARAS

Podemos avaliar nossa interação com os outros como se vivêssemos em uma peça de teatro e a vida social fosse composta de uma sucessão de máscaras que trocamos de acordo com cada "cena". Sim, nossa vida em grupo é mesmo uma espécie de dramaturgia. E essa dinâmica acaba se refletindo na formação da nossa personalidade, que, mesmo sendo um fenômeno interno, também é o resultado das diferentes máscaras que acabamos usando ao longo da vida.

Como qualquer outra pessoa, Lídia não teria como sair dessa cena e, por isso, continuou a usar máscaras sociais. Afinal, todos as usamos e isso é bem normal. Mas atenção aí: quando você aprender a diferenciar quem você é de quem você mostra ser, vai ser capaz de memorizar que as máscaras não são sua essência e isso impedirá que se perca de si mesmo. E essa é uma boa forma de começar a deixar a bagagem – e a vida – mais leve. Sabendo disso, é hora de você fazer uma autoavaliação sobre como anda usando suas máscaras.

1. Você vive tentando controlar o que os outros pensam?

Por mais que não se dê conta, o que os outros pensam está completamente fora do seu controle. Quanto mais você tentar controlar o que se passa na cabeça de quem o rodeia, por medo de não ser aceito ou amado, mais angustiado vai se sentir. Você não precisa mudar seu modo de ser ou de agir para tentar impor uma impressão que quer passar, porque isso é igual a uma bola de neve, que só vai aumentando, até que sua cabeça fica tão confusa que você acaba se sentindo uma mentira. E, aí, quem começa a rejeitar você é você mesmo. Lembre-se de que todas as vezes que imaginar que os outros o estão julgando é porque você já se julgou antes. Pense bem, você não está na cabeça dos outros para adivinhar o que eles vão pensar, então você atribui um julgamento ao outro com base no seu próprio julgamento. As palavras dos outros só vão atingi-lo se coincidirem com a forma como você mesmo se define. Por exemplo: se eu não me acho um bom pai, sempre que alguém fizer algum comentário sobre a maneira como crio meus filhos, isso vai ter um impacto gigantesco sobre mim. É isso: as sementes só brotam em terra fértil. Então, para não ficar refém das suas personagens, mude a forma de se olhar. Suas máscaras precisam servir como guia para que você consiga viver em sociedade, e nunca como uma jaula para que deixe de ser você mesmo.

2. Você se acha uma pessoa autêntica?

A vida só faz sentido se os outros me amarem pelo que sou. Se vivo uma personagem só para o outro aprovar meu comportamento, ele pode até gostar, mas aí vou me dar conta de que não é de mim que ele está gostando, mas sim de uma máscara. E então vem aquela insegurança e você começa a se sentir uma porcaria de pessoa. Tente fazer diferente e troque a impressão que quer passar pela expressão de quem você verdadeiramente é. E, sim, você sempre vai ser aceito por alguns e rejeitado por outros. Acostume-se com esse fato. Mas o importante é que essa aceitação (ou mesmo a rejeição) esteja relacionada a você e não a uma personagem que você representa.

3. Como anda seu orgulho e sua vaidade?

Você só pode ir atrás de aplausos (ou de amor) se tiver a humildade para receber e aprender com as vaias (ou rejeições). Porque nem você nem ninguém nunca será só aplaudido. Há momentos em que as coisas não dão mesmo certo e você não é visto, desejado, compreendido ou amado como gostaria – ou mereceria. Se nesses momentos você se sente rebaixado ou humilhado, é hora de trabalhar seu orgulho e sua vaidade. Entenda que desencontros, críticas, fofocas, rejeições e tudo mais que você passar na sua vida são pontos de aprendizagem. É claro que é muito mais bacana receber flores e não espinhos, mas nunca permita que seu modo de agir – ou de reagir – seja guiado pelo orgulho e pela vaidade, pois ambos são péssimos conselheiros.

ÚLTIMA CHAMADA...

Se há pessoas de quem posso dizer para você realmente se afastar são as pessoas tóxicas. É aquele tipo de gente manipuladora, egoísta, invejosa, com atitudes arrogantes e intimidadoras. Geralmente, não são honestas e sempre se fazem de vítima. Você sabe quando tem alguém assim por perto porque sente que aquela pessoa suga sua energia, mina sua alegria e é capaz de contagiá-lo com desânimo e pessimismo. E, vamos combinar: não há autoestima que sobreviva quando se vive cercado de pessoas que só sabem estimular suas fragilidades e ficam constantemente provocando frustrações.

A ideia de que existem essas pessoas tóxicas nos relacionamentos amorosos, na família, no trabalho e até entre amigos não é nada agradável. Mas... e quando a pessoa tóxica é você? Não tóxica necessariamente com relação aos outros, mas quando os ataques tóxicos são direcionados para você mesmo. Acredite, você pode ser seu pior inimigo. Se critica suas escolhas, achando-se sempre insuficientes, você está se tratando de forma tóxica, o que vai destruindo, pouco a pouco, sua autoestima.

Por isso, para seguir nessa viagem, além das máscaras sociais, você também precisará repensar seu juiz interior, essa voz interna que diariamente o condena. O problema é que, quando você tenta combatê-la, ela se transforma em frases que parecem positivas, mas que na verdade não são. Coisas do tipo. "Fui muito imbecil de achar que não merecia ter tal coisa". "Estou sendo um idiota, criticando-me o tempo inteiro", "Que pessoa tola eu era. Hoje sou empoderada". Ou seja, você continua sutilmente se depreciando. Se prestar atenção, vai ver que é raro você se elogiar sem que esse elogio venha antecedido de uma crítica, ou então de um pedido de desculpas. Algo do tipo: "Olha, me desculpe, sei que vai parecer arrogante, mas meu trabalho ficou muito bom".

Se você for generoso consigo mesmo, vai conseguir ver o que se passa na sua vida sob outra ótica e vai encontrar novas estratégias diante dos problemas que todos enfrentam. Isso, de forma indireta, terá um impacto bem positivo nas suas relações afetivas e sociais. Acho que você já entendeu por que é preciso romper com a autodesqualificação para conseguir trilhar o caminho do seu mergulho interior. Para isso, reflita:

1. Você tem noção das coisas que fala a seu respeito?

Antes de mudar qualquer coisa dentro da gente, o primeiro passo é a tomada de consciência. Então, a partir de amanhã, preste atenção em seus pensamentos sobre você. Para isso, anote tudo que diz, pensa ou sente e tudo que o aborrece, rebaixa sua autoestima ou deprecia sua autoimagem. No final do dia, olhe suas anotações. Tenho certeza de que você vai se dar conta de quanto essa lista é grande e de que não estou exagerando ao afirmar que seu juiz interior fala muito mal a seu respeito.

2. Como você se trata?

Nos próximos dias, convido você a fazer o que chamo de exercício da generosidade. Se acha que estou falando em sair colando papéis adesivos nos espelhos da casa com afirmações positivas sobre você mesmo ou fazer um carinho a si próprio comprando uma roupa nova, ou comer pizza e outras comidas de conforto, para, bebê! Vamos ser um pouco mais realistas. Consciente da lista das impaciências, desaforos e até crueldades que você costuma se dizer de forma silenciosa, é hora de quebrar esse círculo vicioso.

Você vai fazer isso obrigando-se a tratar a si mesmo como trata seu melhor amigo ou sua melhor amiga. Pense naquela amizade bacana, naquela pessoa a quem você dá o maior valor, e observe como a trata. Em uma situação em que esse seu melhor amigo ou essa sua melhor amiga comete um erro e vem conversar, você certamente escuta de forma empática, tentando ajudar essa pessoa a encontrar maneiras de consertar o erro ou superar o sofrimento. Porque você quer que ela se torne alguém melhor e feliz. Então, faça o exercício de ser generoso com você, na mesma intensidade que é com aqueles de quem gosta. Esse é um passo importante para fazer as pazes consigo mesmo.

Esforçando-se para repetir essa dinâmica diariamente, você vai parar de se culpar e de falar tão mal de si mesmo. Isso pode parecer um exercício simples e bobo, mas você vai ver que é muito difícil fazê-lo, pois vivemos no automático quando o assunto é nosso juiz interior.

3. Você se parabeniza por suas conquistas?

Também é hora de guardar sua modéstia e começar a ter o direito de se sentir importante como o dente de ouro de Lampião. Comece a se parabenizar nos momentos em que merece isso e, naqueles em que erra, acalme sua alma em vez de criticá-la. E isso não quer dizer varrer suas imperfeições para debaixo do tapete e fazer de conta que elas não existem. Significa que suas falhas estão aí para serem superadas e para que possam ensiná-lo a progredir, a ser um pouco melhor a cada dia. Por isso, tenha sempre como meta sua evolução e não a perfeição. Diante de um julgamento interno seu, mude a chave e lembre-se de que você é um ser em constante transformação. Quando aprender a não se violentar falando mal de si mesmo todo dia, vai passar a se respeitar mais, a respeitar os outros e o mundo em que vive. E é nesse movimento de autossuperação e respeito que você se torna bem mais interessante e atraente.

4. Como você acha que os outros o percebem?

Outra coisa importante nesse processo de se criticar menos é aprender como as pessoas que gostam de você o percebem e o tratam. Fique próximo daqueles que o amam – podem ser parentes ou amigos – e observe quanto eles o aceitam do jeito que você é. Aprenda, através do olhar de quem gosta de você, a enxergar o amor, o cuidado e a paciência que lhe são dirigidas. Se sentir necessidade, pergunte a eles sobre a percepção que têm de você. Certamente, eles vão lhe falar sobre suas qualidades, mas também sobre suas falhas. E isso não significa se deixar definir pelos outros, pois quem mais deve saber a seu respeito é você mesmo.

O necessário aqui é que você sinta que é uma pessoa aceita em sua totalidade, e aprenda a levar essa nova perspectiva de aceitação para dentro de si mesmo.

EMBARQUE IMEDIATO!

Tudo pronto para o embarque, certo? Quase isso. Para essa viagem acontecer, ainda precisamos marcar seu cartão de embarque com o carimbo da motivação para essas mudanças.

"Ah, mas se eu já cheguei até aqui neste livro, significa que estou motivado!" Calma, bebê! Se está querendo embarcar nessa viagem pensando apenas no resultado, e não na experiência pela qual vai passar durante o trajeto, então é bem possível que você se desestimule no meio do caminho. Afinal, a coragem de mudar não vai cair do céu.

Para que você se sinta motivado a se transformar internamente, é preciso ter em mente que a dor de permanecer na sua zona de conforto deve ser maior que o risco de atravessar seus abismos interiores para mudar sua história.

Ou seja, para sair da borda e se lançar no rio da vida, você vai precisar bem mais que simplesmente procurar respostas consumindo livros e vídeos de aperfeiçoamento pessoal – era essa a fórmula que a seguidora que me escreveu o e-mail parecia utilizar. Então, para ela e para você, entenda que viver é sempre uma renovação. Nosso mundo interior se forma com base em uma sucessão de renascimentos. Essa sensação que temos de que não somos mais a pessoa que éramos no passado, ao lado da vontade que temos de no futuro ser alguém melhor do que somos hoje, dá a impressão de que vivemos várias vidas em uma só. E é desses renascimentos que estou falando. Para surgir esse alguém mais dono de você mesmo, é preciso disposição para lutar contra os velhos hábitos e coisas que você faz no automático e que nem sabe que foi condicionado a fazer. Para segurar esse cartão de embarque, você vai repensar seus medos de decepcionar os outros, lidar melhor com eles e até diminuir a força que suas culpas têm sobre você, livrar-se dessa velha sensação de nunca merecer suas conquistas e acabar com a ideia de que não é alguém que nasceu para amar ou ser amado.

    A motivação para tudo isso não é uma fórmula mágica que vou lhe entregar. Mas uma boa maneira de fortalecê-la é descobrindo outra força que existe em você e que raramente é escutada: sua intuição. E não estou me referindo a nada exotérico ou a um sexto sentido místico. Estou falando da sua capacidade de acessar e usar informações que estão no seu inconsciente e que não vêm do seu raciocínio lógico. É uma sensação que, quando aparece, amplifica sua motivação e o ajuda em suas decisões. Mas, já que não é nada mágico, quero orientá-lo sobre como acessar esse lado intuitivo e potencializar sua motivação para essa viagem interior. Então, pense:

1. Você dá ouvidos ao seu instinto?

Comece a prestar mais atenção às suas sensações corporais, como aquele frio na barriga, o coração disparado na hora de tomar uma decisão... Tudo isso pode estar sinalizando algo que vem diretamente da sua área intuitiva.

O seu corpo é o maior mensageiro do seu conhecimento intuitivo. Os americanos usam muito a expressão: *"follow your gut"*, que em português quer dizer "siga seu intestino"!

Eles dizem isso porque muitas vezes você sente coisas na região do estômago e dos intestinos que podem lhe permitir saber de forma clara que não está no lugar certo, com a pessoa certa ou, ainda, tomando a decisão certa.

Quando seu corpo o alertar de que tem alguma coisa errada acontecendo, tipo o instinto do Homem-Aranha, preste mais atenção e acredite em seus sinais corporais.

Você já reparou que seu humor ou seu estado de espírito podem mudar de repente? Por exemplo, você entra em uma sala onde há várias pessoas e vem uma sensação meio desconfortável. Pouco antes de você entrar, pode ter acontecido uma situação constrangedora ou uma briga. Ou até mesmo essas pessoas estariam falando a seu respeito. Embora você não tenha presenciado nada, lhe vem a estranha sensação de que há algo errado naquele local.

Quando essas variações de sensação acontecerem, tome consciência delas e pergunte-se: "O que esse sentimento está me dizendo?". Faça isso silenciosamente e espere seu inconsciente lhe dar uma resposta. Às vezes, não chega de imediato, mas pode ter certeza de que, em algum momento, você vai ter uma ideia do que seus sentimentos repentinos queriam comunicar. E a chave é aprender a usar essas ideias para gerenciar sua vida e seu autoconhecimento.

2. Você considera suas deduções?

A intuição geralmente chega até você de forma rápida e intensa. Sabe quando você olha para alguém e diz: "Essa pessoa é honesta"? Ou quando do nada você pensa: "Tal projeto vai dar errado"? Quando esses momentos chegarem, não deixe de considerá-los. Se puder, anote esse tipo de pensamento. Você vai se surpreender com a quantidade de deduções que seu cérebro produz, partindo de percepções que seus cinco sentidos captam sem sua consciência perceber, e que só depois você descobre que eram verdadeiras.

3. Você consegue dar conta de seus preconceitos?

As ideias preconcebidas podem atrapalhar a intuição. Por exemplo, você pode confundir o que pensa da aparência de uma pessoa com sua intuição. Às vezes, não é fácil diferenciar uma coisa da outra, porque o preconceito cria uma espécie de névoa, que não o deixa ver sua intuição como ela realmente é. Então, antes de olhar para uma pessoa e começar a achar que ela é isso ou aquilo e atribuir essa sensação ao seu lado intuitivo, pergunte-se até que ponto seu preconceito pode estar passando na frente da sua intuição. O fato de o outro ter uma religião, uma história de vida, uma forma de pensar, de vestir ou de falar diferentes da sua não significa absolutamente nada. Se quer desenvolver sua intuição, não deixe seus preconceitos tomarem conta de você. Aliás, preconceito, qualquer que seja, nunca ajuda em nada.

4. Você faz das suas experiências um aprendizado?

À medida que o tempo passa, a intuição vai sendo refinada graças a todas as experiências que você teve ao longo da vida. As experiências, principalmente as ruins, podem acabar sendo positivas a longo prazo. Se tomarmos a questão amorosa como exemplo, quem já viveu muitos relacionamentos que não deram certo intui muito mais rapidamente quando está entrando numa roubada afetiva. O problema é que a intuição avisa, mas você nem sempre quer escutar, não é, bebê? Permitir-se reunir experiências de vida é uma maneira simples, mas extremamente eficaz, de expandir sua intuição.

Ao ligar intuição à motivação, o que estou querendo dizer é que, no fundo, você sabe o que é melhor para seu mundo interior. Mas a questão é que esse saber não passa pela lógica formal (razão), mas sim por escutar seu coração (emoção). "Ah, mas deixar a razão de lado e se jogar na emoção é algo muito perigoso!".

De fato, não se trata de trocar a razão pela emoção. Mas, sim, de se questionar. Se você observar uma criança, vai ver que ela se comporta de um jeito mais espontâneo, sem medo de mudar de ideia ou de planos, porque ainda está livre dos medos e amarras que nos são ensinados, e consegue seguir a natureza das próprias experiências. E é um pouco dessa essência que a gente precisa resgatar, todos os dias.

Então, mantenha sua motivação aceitando que a felicidade de ser um novo alguém não é um cálculo, não é uma certeza, não tem garantias. Não seja uma pessoa amarrada pelo medo e se arrisque nas asas da transformação interna, abraçando as dificuldades do seu eu em mutação. Confie que suas experiências e intuições vão lhe servir como uma perfeita bússola.

O mais bacana disso tudo é que, ao se apossar do cartão de embarque chamado motivação, no final da viagem você terá novas raízes fincadas na confiança em si mesmo. Não mais aquelas plantadas nos lugares em que os outros o forçaram a permanecer. Você vai aprender a se respeitar e a se comunicar com a criança que sempre existiu dentro de você, e vai viver sem os ressentimentos, as amarguras e as acusações que o paralisaram até agora, para finalmente se tornar a pessoa que sempre quis ser.

Eu estarei com você, ajudando a conduzir o navio, mas essa viagem para encontrar-se com sua transformação não vai ser um mar de rosas. À medida que for lendo cada capítulo e refletindo sobre ele, suas reflexões vão passar por coisas que trazem entusiasmos, mas igualmente obstáculos. Boas descobertas, mas também decepções. E é disso tudo que virá sua transformação.

O embarque já foi concluído. Agora é hora de virar a página e navegar pelos segredos da sua existência. Respire fundo e boa viagem.

capítulo 2

PRIMEIRA PARADA: VOCÊ, NO PAÍS DA (SUA) AUTOESTIMA

DESDE UM "ACREDITE EM SI MESMO" ATÉ O "VOCÊ PODE ser o que quiser", a sociedade não para de bater na tecla da autoestima. Essa é a mensagem que encontramos constantemente na publicidade, nos livros, em programas de televisão, nas histórias em quadrinhos, nos mitos e lendas mais conhecidos. Mas aposto que você nunca se perguntou sobre o porquê de ela ser tão essencial para nossa vida.

Antes disso, é bom entender o que é mesmo essa tal de autoestima. É só gostar de si mesmo? Não, bebê. Autoestima vai além: é o valor que você consegue perceber que tem. E como se descobre isso? Imagine que você é um desenhista profissional e decide se desenhar. Com o máximo de detalhes possível, sempre observando quanto você se sente satisfeito, ou não, com o que vai aparecendo na imagem. A cada traço que coloca nesse desenho, há uma impressão que você tem de si mesmo, um julgamento sobre sua personalidade, e o resultado é o produto da sua autoavaliação. E aí, manter a autoestima lá em cima e fazer um desenho bonito de si mesmo significa ter um bom sentimento de segurança interna, fundamental para encarar as dificuldades da vida e aproveitar ao máximo cada conquista. Já quando você se julga negativamente, sua cabeça começa a criar diferentes sofrimentos, que comprometem seu desenvolvimento e suas competências. E certamente isso daria como resultado um desenho distorcido de sua imagem, cheio de defeitos. Por isso, manter um olhar positivo sobre si mesmo é imprescindível para seu equilíbrio psicológico.

Foi pensando na importância desse aspecto da nossa personalidade que, em 2005, um grupo de pesquisadores da Universidade de Bradley, em Illinois, nos Estados Unidos, quis descobrir onde viviam as pessoas com maior autoestima. Para isso, foi feito um levantamento com mais de 17 mil pessoas de 53 países, utilizando um método muito conhecido entre os psicólogos, que se chama **Escala de Rosenberg**. Não vou entrar em detalhes técnicos, mas é um tipo de questionário no qual as pessoas avaliam quanto concordam ou discordam de afirmações como: "Sou capaz de fazer tudo tão bem como as outras pessoas", "Às vezes, penso que não sirvo para nada", "Levando tudo em conta, eu me sinto um fracasso", "Acho que tenho muitas boas qualidades".

Se você pensa que os Estados Unidos, a França ou o Japão, por serem países ricos e desenvolvidos, apresentaram uma população com autoestima mais elevada, errou feio. O país que obteve a média mais alta nesse quesito foi a Sérvia. O Brasil ficou em 29º lugar, dez posições abaixo dos nossos *hermanos* argentinos, que alcançaram a 19ª posição. Os norte-americanos conseguiram o 6º lugar, a França o 36º e o Japão, pasmem, com toda a sua tecnologia e suas tradições milenares, ocupou o último lugar na lista.

Talvez você tenha ficado surpreso e esteja se perguntando que poção mágica colocam na água da República da Sérvia para que seu povo tenha uma autoestima tão boa. Desse resultado surgiram diversas hipóteses, como a de que países com população mais individualista tendem a ter autoestima mais baixa, por exemplo. Os próprios sérvios alegaram que os resultados se deviam ao orgulho que têm do país em que vivem, ou ainda ao fato de combaterem a solidão criando maiores redes de amizade e participando de reuniões familiares com mais frequência. Penso que essas conclusões focam em um panorama muito coletivo-social e terminam não considerando tanto as individualidades humanas. Mas é, sem dúvida, um levantamento bastante importante. E ele acaba mostrando que apenas o lugar onde uma pessoa vive não vai ser fator suficiente para explicar por que alguns têm uma autoestima fortalecida enquanto outros se percebem de maneira bem rebaixada.

"Isso quer dizer que a forma como eu me percebo não depende de fatores externos? A responsabilidade por ter uma autoestima lá embaixo é toda minha?" Para, bebê! Deixe de deduzir as coisas tão rapidamente, pois não é nada disso que estou dizendo. E, por falar em bebê, sabia que o país da sua autoestima começou a ser formado bem antes de você nascer? Vamos entender como isso é possível?

Lembra que, no capítulo anterior, eu disse que a trajetória de cada um de nós começou lá dentro da barriga da nossa mãe? Pois é, você talvez nunca tenha parado para pensar, mas antes mesmo de vir ao mundo você já havia começado a existir na imaginação de seus pais. Na expectativa deles, já pensavam como ia ser seu rosto, sua boquinha sem dentes que, nos primeiros meses, só ia ser usada para bocejar, chorar ou mamar. Além da aparência externa, a fantasia dos seus pais também era composta de um monte de qualidades que eles sonhavam que você teria e, mais que isso, eles já dimensionavam o lugar que você ocuparia na família e no coração deles. Ou seja: antes de existir de fato, você já era formado pelo resultado do desejo e da imaginação dos seus pais.

Quando você finalmente nasceu, sua autoestima continuou sendo construída aos poucos, e você dependia inteiramente dos cuidados e do julgamento deles. E a cada vez que sentia o amor e o carinho de quem cuidava de você, você ia criando uma noção de como sua família o via e de quão importante você era. E assim, pouco a pouco, sua autoestima foi sendo elaborada em você, por meio do olhar dos seus pais. Para ir construindo uma imagem favorável de si mesmo, foi preciso que você percebesse nos olhos de quem o protegia, alimentava e educava sentimentos positivos de aceitação e acolhimento. Foi dessa maneira que você começou a tomar consciência do seu valor.

Sendo assim, se na sua infância você não teve esse reforço positivo por parte dos adultos que o rodeavam, isso com certeza facilitou a criação de uma autoestima negativa. Conclusão: quem não foi estimado na infância tem muita dificuldade em se autoestimar. É claro que você não vai conseguir se lembrar dessa dinâmica toda que estou descrevendo e das sensações que foram experimentadas nos seus primeiros anos de vida. O que você tem mesmo são os sentimentos de hoje, moldados pelo seu passado.

Se as fundações da sua autoestima começaram antes mesmo de você chegar ao berço, a solidificação foi acontecendo com o passar dos anos. Quando você finalmente saiu desse convívio intenso e fechado entre você e seus pais ou responsáveis e começou a viver um cotidiano em sociedade, sua autoestima passou a ser influenciada pela ida para a escola, pelos amigos que foram surgindo, pelo gosto por esportes ou por outras habilidades, pelas primeiras paqueras e pelos resultados que você ia obtendo em cada um desses desafios. Ou seja, todas as novas experiências funcionaram como tijolinhos que foram sendo cimentados na estrutura da sua autoestima.

UM SÓ PAÍS, COM PAISAGENS BEM DIFERENTES

Embora o país da autoestima seja um só, as paisagens podem assumir contornos bastante diferentes, de acordo com cada terreno psíquico. Ou seja, quem diz que "cada cabeça é um mundo" está muito certo. Porque, assim como uma floresta verdejante e um deserto árido se opõem, pessoas que têm uma autoestima bem estruturada apresentam um comportamento mais ofensivo na vida, desafiam a si próprias e acreditam bem mais que as coisas podem ser melhores. Já as que têm uma autoestima baixa vivem receosas, mais temerosas, e em tudo que vão fazer tendem a tomar mil precauções. A aventura de fazer coisas novas é sempre cercada de muitos poréns e porquês, com pouco espaço para a ousadia.

É por isso que as pessoas com uma boa autoestima agem e reagem muito mais assertivamente em um momento de dificuldade. Elas pensam coisas como "Não foi dessa vez, mas é normal fracassar de vez em quando", "A vida não é feita só de sucessos" e "Isso não vai abalar a imagem que tenho de mim mesmo(a)". Já quem tem uma autoestima baixa se identifica facilmente com os insucessos da vida, fazendo a ligação entre fracassar e ser o próprio fracasso, e tende a pensar coisas que podem ser resumidas em uma frase: "Ó céus, ó vida, ó azar!".

E aí você poderia achar que pessoas que têm autoestima bem trabalhada são perfeccionistas e estão sempre certas, enquanto as que têm baixa autoestima vivem errando e não sabem fazer nada direito. Pois é exatamente o contrário.

Como assim?

Na verdade, quem tem boa autoestima sempre vai se perceber imperfeito – e para essas pessoas está tudo bem ser dessa maneira. Já quem tem baixa autoestima não aceita nada menos que a perfeição e vive numa busca sem fim por ela. Com isso, tem uma vida desgastante e cheia de frustrações, já que a perfeição é claramente uma utopia.

Além disso, quando não consegue se aceitar imperfeito, você se paralisa, porque seu inconsciente se defende acionando ideias do tipo "é melhor ficar quieto, pois vou errar" ou "não vale a pena arriscar". Um exemplo prático ocorre quando você quer abordar uma moça ou um rapaz por quem sente atração, mas o medo de ouvir um não faz com que não tome a iniciativa.

E aí, enquanto alguém que tem uma boa autoestima pensa em "Já tenho o não, agora vou atrás do sim!", uma pessoa com baixa autoestima pensa: "Já tenho o não, para que vou atrás da humilhação e da decepção? Melhor ficar aqui na minha, mesmo!".

Quem tem uma boa autoestima aceita com facilidade que pode ouvir muitos nãos e que isso é supernormal. Também não tem dificuldade alguma em perceber que há pessoas mais bonitas, mais inteligentes, mais bem remuneradas... só que não vivem isso como um problema ou humilhação, mas como uma circunstância da vida, da diversidade na existência de cada um. É preciso aprender a ser imperfeito, porém livre e feliz.

Outro ponto importante que marca a diferença de paisagens entre quem tem uma autoestima positiva ou negativa é que os donos da autoestima rebaixada dificilmente conseguem visitar, ou perceber quando estão visitando, o país chamado amor. Dê só uma olhada nesse relato de uma seguidora do meu canal, o Nós da Questão, no YouTube. Ela me enviou um e-mail com o título: "Ninguém me ama".

Olá, Marcos,

Tenho 32 anos e nunca tive sorte no amor. Dos poucos relacionamentos em que me envolvi, nenhum nunca deu certo, porque sempre fui largada. O último, do qual fui noiva, durou três anos, mas no final ele me deixou por outra. Isso já faz mais de dois anos e, de lá para cá, ninguém tornou a se interessar por mim. Nem com amizades eu tenho sorte. É como se houvesse alguma coisa de errado comigo. Tem dias em que luto para ficar bem, mas acabo sempre muito triste. Minha vida é apenas de casa para o trabalho. As pessoas dizem que preciso melhorar minha autoestima, mas como isso é possível se eu sempre sou deixada e, depois deste último, ninguém nunca mais nem olhou para mim? Por favor, gostaria que o senhor me desse um conselho. Que me ajudasse a entender: por que ninguém me ama?

Comecemos olhando esse e-mail pela última frase. "Por que ninguém me ama?" O fato é que uma pessoa que não tem uma boa autoestima, quando passa por uma separação, vai perceber o sofrimento de forma mais amplificada, porque, além da ruptura, ela acreditará que isso só confirma a *fake news* de que não tem valor algum. Por isso, é comum que uma pessoa com a autoestima baixa acredite que nunca vai encontrar quem a ame ou que, quando encontrar, mais cedo ou mais tarde esse amor vai trocá-la por outro alguém.

Na verdade, é quase como se a moça desse e-mail procurasse, inconscientemente, pessoas que vão abandoná-la – ou que nem vão dar bola para ela –, porque isso serve para confirmar que ela tem razão em não se autoestimar. Ou seja, ela sempre interpreta os desencontros amorosos usando a régua da autoestima negativa, com a qual mede a si própria o tempo inteiro.

Além disso, "por que ninguém me ama?" provavelmente esconde a busca por um tipo de amor que ela não teve, ou que, se teve, não percebeu. E, nesse caso, estou me referindo ao amor que o bebê recebe de quem cuida dele. Mas observe que uma criança de berço, pela condição de dependência, só recebe. E como ela está presa à ideia do só receber, o que consigo perceber nas entrelinhas da pergunta feita pela seguidora é: por que ninguém me dá o que busco? Talvez ela precise compreender que, na vida adulta, as paixões amorosas são relações de troca, nas quais precisamos dar amor para poder recebê-lo. Mas como é que se pode dar amor com uma autoestima fraca ou severamente comprometida? Aí vamos voltar ao ponto da nossa conversa, quando estávamos falando da construção da autoestima.

Pessoas que são suficientemente valorizadas e acolhidas em seus momentos de vulnerabilidade infantil não vão se sentir tão fragilizadas diante dos desamores ou desencontros – pelos quais, claro, eu, você, todo mundo passa na vida –, porque terão uma autoestima fortalecida. Isso absolutamente não as torna super-heróis indestrutíveis e inabaláveis. O fim de uma relação é normalmente bem sofrido, sobretudo para quem é deixado. Mas, quando você tem um bom julgamento a respeito de si mesmo, ninguém vai precisar lhe dizer que você é digno de ser amado de novo. Essa ideia já estará dentro de você. E, por isso, o amor vai chegar à sua vida. Porque *querer* alguém para amar é bem diferente de *precisar* de alguém para tapar seus buracos afetivos. Seus vazios emocionais lhe pertencem, e é você que terá de dar conta deles.

"Ah, dar conta das feridas internas e melhorar minha autoestima é bem fácil de falar, mas muito difícil de fazer", você deve estar pensando. E isso é mesmo verdade. Se a viagem que começou ao interior de você mesmo é algo transformador, você já entendeu que é preciso passar por algumas mudanças. E, mesmo não existindo fórmulas prontas, dá para fazermos uma série de reflexões para que você se fortaleça e tenha a coragem de mudar.

1. Como conferir um novo significado a sua infância?

Tente escutar sua criança interior com os ouvidos do adulto de agora, deixando de lado qualquer possibilidade de julgamento. Se quem cuidou de você na infância não o protegeu nem o valorizou, foi agressivo, indiferente ou mesmo cruel, é claro que você não merecia nada disso e esse tipo de experiência certamente feriu sua autoestima, deixando nela as cicatrizes dos vazios emocionais.

Mas simplesmente culpar seus pais por tudo não vai ajudar a encontrar uma resposta transformadora nessa busca interior. Até porque não existe família perfeita e, bem ou mal, eles foram com você o que sabiam ser. Entretanto, é hora de tomar as rédeas e cuidar da sua criança interna ferida. Isso vai lhe permitir modificar seus comportamentos e melhorar sua autoestima.

Faça isso olhando para a criança ferida que existe dentro de você. Remembre todos os eventos dolorosos que ela viveu. Então, com todo o sentimento possível, escreva-lhe uma carta de apoio. Garanta a essa criança que agora ela tem um adulto – você – que sabe de todas as injustiças que ela viveu, das feridas que ela carrega, e que não permitirá que mais ninguém a machuque. Em seguida, escreva outra carta, dessa vez endereçada aos pais ou a quem cuidou dessa criança. Conte-lhes tudo o que eles não fizeram por ela – ou seja, por você –, fale das vezes em que ela não se sentiu amparada, liste todas as queixas e ressentimentos que você – ela – carrega há anos.

Quando acabar, leia as cartas em voz alta, perceba suas emoções e apenas deixe-as fluírem. Sejam quais forem os sentimentos que vierem, não reprima nada. Permita-se se esvaziar de tudo isso. Em seguida, a carta para os pais será destruída. Você pode rasgá-la, queimá-la, fazer o que bem entender com ela, mas é importante que a destrua como símbolo de que todas as faltas materializadas no papel ficaram no passado e não vão mais interferir na sua vida adulta. Já a carta para sua criança interior deve ser guardada em algum lugar ao qual você tenha acesso frequente. Sempre que puder, releia para lembrar-se do compromisso assumido de cuidar dessa parte de você que durante tanto tempo ficou oculta e machucada, e de amá-la para sempre.

2. Como saber seu valor?

É possível que você tenha convivido por muitos anos com a sensação de que não foi valorizado o suficiente por quem cuidou de você. No entanto, entenda que esse vazio não é resolvido quando se tenta preenchê-lo com os relacionamentos que constrói no presente. Isso acaba sendo um veneno, porque, no fim das contas, você vai se sentir um dependente afetivo que só consegue se perceber existindo por meio da opinião do outro. E nem preciso dizer que sua imaginação sempre vai colocar esse outro em um pedestal – e você, claro, vai se sentir bem abaixo.

Entenda de uma vez por todas que as pessoas nunca vão ter a responsabilidade de sanar seus vazios emocionais. A certeza do seu valor não vai vir da boca de ninguém, pois precisa ser construída por você. E como fazer isso? Tenho certeza de que, com o exemplo a seguir, você vai encontrar caminhos para começar a dimensionar seu valor.

Imagine que você quer vender uma casa. Ao mostrá-la aos possíveis compradores, automaticamente você vai se fixar naquilo que o imóvel tem de bom e não nos defeitos – ainda que reconheça que eles existem. E será com base nas vantagens de que o comprador vai desfrutar que você vai conseguir estabelecer o valor de venda. Você não perguntará ao comprador quanto ele acha que sua casa vale, pois acredita que ela tem um valor em si mesma.

Agora, é hora de pensar em você como sendo essa casa a ser vendida. Quanto você vale? Faça inicialmente uma lista com todos os seus defeitos. Coloque tudo que lhe vier à cabeça. Quando terminar, faça outra lista, dessa vez com suas qualidades. Se sua autoestima estiver frágil ou deficiente, aposto que a lista das virtudes terá sido mais difícil de ser escrita. Além disso, a coluna negativa provavelmente acabou sendo muito maior que a positiva. Olhando as listas, você perceberá que essa casa chamada "você" parece não valer tanto assim. Agora pense comigo: você compraria algo com uma lista de defeitos maior que a lista de virtudes?

No decorrer das semanas, faça o exercício de ir acrescentando virtudes à sua lista, até que elas igualem ou superem os defeitos. Esse trabalho não vai ser fácil nem rápido, mas a ideia aqui é que você se force a perceber qualidades que estão na sua essência, mas que você não enxerga por sempre hipervalorizar os defeitos. E não estou propondo que você bajule a si mesmo ou negue suas imperfeições. É justamente o oposto disso. A ideia é que você melhore em si mesmo o que for possível e que apenas aprenda a aceitar como características suas as coisas que não pode mudar, sem colocá-las em destaque. Ou seja, para que você encontre seu verdadeiro valor, é preciso abandonar o mau costume de se concentrar demais nas coisas que estão fora do seu poder de mudança, e parar de se culpar pelo que não tem jeito. As pessoas são como conseguem ser, e não como gostariam. Maltratar-se por coisas suas que não consegue controlar é uma excelente forma de se desvalorizar e alimentar sua baixa autoestima.

3. Você é perfeccionista?

A exigência de sermos os melhores em tudo que fazemos é algo que realmente marca o mundo em que vivemos. No escritório, com os filhos, no desempenho sexual ou em qualquer outra pequena ação que façamos, a pressão para sermos os melhores está cada vez mais presente. Tanto assim que dizer-se perfeccionista era a resposta que estava na ponta da língua dos candidatos a uma vaga de emprego. Bastava o recrutador perguntar "cite um defeito seu", e lá vinha o "sou muito perfeccionista". Hoje, isso já virou um tipo de clichê meio piada, mas era óbvio que quem dava essa resposta acreditava que o perfeccionismo, embora dito como um defeito, seria ouvido como uma virtude. Entretanto, imaginar que o adjetivo "perfeccionista" indique algo virtuoso me parece um grande engano. Afinal, buscar a perfeição é um artificio inconsciente de autodepreciação e rebaixamento da autoestima. Para entendermos isso, vamos novamente ao meu consultório escutar a história de mais um paciente.

Pedro era um homem perto dos cinquenta anos, bem-sucedido profissionalmente e cheio de projetos. A frase "eu não falho" era quase um mantra que, virava e mexia, saía de sua boca. Até que, em uma das sessões, ele me informou que dali a uma semana teria de fazer uma cirurgia para correção de uma grande hérnia abdominal que perigava estrangular, herança da retirada de um câncer que tivera havia onze anos.

> Essa cirurgia não cabe na minha agenda, não é hora para isso. Estou lotado de novos projetos, tenho prazos a cumprir e uma equipe que conta comigo. Pouco importa que as pessoas digam que as coisas podem esperar, eu me sinto falhando, e isso é inadmissível. Os compromissos que assumo são cumpridos no tempo e na hora previstos. Não cheguei aonde estou de graça. Meu lugar no mundo foi construído à base de muito trabalho e disciplina.

Ele começou a chorar e, quando voltou a falar, havia ódio em sua voz.

> Não sou como meu pai. Ele, sim, sempre tinha uma desculpa para tudo, nunca cumpria nada do que prometia e passou a vida sendo um fracassado que minha mãe sustentava. Sempre me senti órfão de pai vivo. Se eu dependesse do exemplo daquele homem, teria virado um Zé-Ninguém igual a ele.

Talvez, leitor, você esteja vendo em Pedro um homem arrogante ou mesmo antipático. Mas, antes de julgá-lo, lembre-se de que esse fragmento de caso veio para lhe explicar por que eu disse que buscar a perfeição pode ser um artifício inconsciente de autodepreciação. E a resposta é simples: o perfeccionista não tira nenhum benefício dos seus sucessos, pois nunca se satisfaz com eles. E isso, vamos combinar, desgasta o amor-próprio de qualquer um.

Estabelecendo para si mesmo um limiar de realizações aprisionador, meu paciente sofria de uma insatisfação crônica, além de experimentar um sentimento inconsciente de frustração e fracasso, pois suas realizações, não importando quão eficientes fossem, nunca eram boas o suficiente, já que, na prática, a perfeição é inatingível. Em sua fantasia perfeccionista de nunca falhar, e por viver muito fora da linha do que é possível qualquer ser humano alcançar, Pedro acabava, sem perceber, sendo um fracassado igual ao pai. Ele e o pai eram opostos, mas ao mesmo tempo iguais.

Com o caminhar do tratamento, o paciente foi percebendo que, por trás do ódio que sentia da figura paterna, havia igualmente amor e saudade. Ao entender que poderia viver e expressar sentimentos positivos por esse pai que tanto o havia decepcionado, Pedro foi, pouco a pouco, liberando-se do seu perfeccionismo, que só rebaixava a satisfação consigo mesmo e consequentemente sua autoestima.

É claro que não dá para desconsiderar que, em uma sociedade na qual cada um vive se comparando com o outro, e em que uma pessoa é definida pelo seu nível de desempenho, querer ser perfeito parece mesmo algo normal. No entanto, minha ideia é que você perceba que buscar ser excelente no que faz é possível e saudável, mas buscar a perfeição, além de ser uma meta irreal que consome sua autoestima, muitas vezes é um jeito de ser que fala de coisas que você já viveu e que marcaram sua mente. Assim, quando estabelecer uma meta, busque a excelência no resultado, mas nunca a perfeição. Faça isso levando em conta que ser excelente é fazer o seu melhor, estando ciente de que ocorrerão imprevistos, imperfeições, mudanças de planos, e que tudo isso é perfeitamente natural.

Outro mau costume que precisa ser deixado de lado é o de olhar para uma pessoa que possui qualidades que você não tem, mas gostaria de ter, e achá-la perfeita. Isso é um engano gigantesco, que só o faz nutrir a desvalorização pessoal. "Sim, sei que ninguém é perfeito e que essa pessoa deve ter lá suas dificuldades. Mas isso não muda o fato de que eu gostaria de ser como ela!". Se esse pensamento lhe ocorreu, para, bebê!

Para porque, sempre que sua escala inconsciente de comparação perfeccionista for ativada, isso vai acender uma ponta de inveja em você. Quer um exemplo bem marcante? Lembre-se de Michael Jackson. Ele era sem dúvida um gênio da dança e da música que buscava a perfeição no que fazia, mas ao mesmo tempo tinha graves problemas psicológicos decorrentes da relação abusiva com o pai. Você trocaria de lugar com ele? Suponho que sua resposta seja não. "Ah, mas se eu fosse ele, eu teria feito diferente." Será mesmo? Então por que ainda não começou a fazer sua vida funcionar de uma forma diferente?

Além do mais, você não precisa ser perfeito para ser amado ou feliz. E, se precisasse, jamais conseguiria ser, porque a busca pelo perfeccionismo é um fantasma que só serve para assombrar sua autoestima. Aprenda que a chave para uma boa relação com você mesmo é compreender e aceitar suas singularidades e, claro, todas as suas imperfeições.

4. Você se autoriza a dizer não?

Aprenda a dizer não! Certamente, você já falou ou escutou essa frase. Ter a liberdade de dizer não todo mundo quer, mas nem todo mundo consegue. Porém, seguindo a recomendação do empresário bilionário Warren Buffet, que uma vez disse: "Pessoas de sucesso dizem não a quase tudo", é bom começar a considerar essa possibilidade.

Mas sabe por que é tão difícil dizer não? Porque aprendemos que esse comportamento não é adequado e significa que você está sendo rude, egoísta ou indelicado. Olhe, essas são crenças inúteis que só fazem a gente ter ainda mais dificuldade para dizer não.

Antes de mais nada, você precisa entender que dizer não quando na verdade queria dizer sim significa perder um tempo precioso da sua vida. É viver insatisfeito (porque você gostaria de estar fazendo outra coisa), sem energia (porque você direciona a sua para atender às necessidades dos outros e não para suas prioridades), sem dinheiro (que você pode acabar gastando, dependendo do favor que vá fazer) e frustrado (por não conseguir atender a todos os pedidos como gostaria).

Quer uns exemplos? Quantas vezes você foi tomar um café ou foi a um restaurante para conversar com pessoas sem estar a fim? A quantos casamentos, confraternizações ou eventos você foi sem querer ir, a ponto de chegar em casa arrependido de ter ido? Quantas horas você perdeu na vida com reuniões a que compareceu ou a quantas palestras você assistiu sem ter um motivo real para estar lá? Mas tudo isso você fez porque disse sim quando queria dizer não.

Mas o que isso realmente significa e que peso tem a falta dessa habilidade sobre sua autoestima? Pense que a coisa pode ter chegado ao ponto de isso se tornar um hábito tão corriqueiro que você nem sabe mais direito o que quer ou quais são suas necessidades. E precisamos resgatar nossa identidade para construir uma autoestima mais sólida.

Autorizar-se a dizer não é bem mais que recusar algo de que você não gosta ou que não deseja. É se dar o direito de ser quem você realmente é, podendo expressar livremente seus sentimentos e emoções. É entender que você não é responsável pela felicidade dos outros. Ter essa capacidade tolhida pelos ensinamentos sociais é extremamente lesivo à sua autoestima.

E isso, muitas vezes, começa dentro de casa. Já tive casos em meu consultório de pessoas que tinham, por exemplo, uma mãe deprimida e que raramente conseguiam dizer não às suas demandas, por mais absurdas que fossem, por medo de agravar o quadro ou como se o hábito de sempre dizer "sim" a alguém que sofre de depressão fosse o tratamento psíquico adequado. Ou, ainda, para evitar acender o temperamento ou a agressividade de um pai autoritário, achava-se obrigado a jamais discordar e sempre dizer sim, mesmo que isso significasse passar por cima de si mesmo em diferentes situações. E, como dizem que costume de casa vai à praça, você segue levando esse "aprendizado" de engolir os seus "nãos" para o dia a dia e, com receio de incomodar os outros ou de se sentir culpado, vai sendo sequestrado de si mesmo.

Para você entender melhor o que digo, vamos ler parte do e-mail de uma seguidora no canal Nós da Questão.

Oi, Marcos! Tudo bem?

Desde cedo, meus pais me ensinaram a ser paciente, perdoar e "dar a outra face" depois de um tapa. Só recentemente percebi que isso não estava sendo saudável para mim e que eu precisava me afastar de alguns relacionamentos tóxicos. A cabeça entende o que eu preciso fazer, mas não me permito ficar com raiva das pessoas e, em lugar de dizer o que penso, só consigo chorar. Acho que esse comportamento de jamais conseguir dizer não afetou meu relacionamento comigo mesma, pois acho que tenho uma autoestima péssima. O pior é que eu me esforço tanto para agradar que as pessoas legais se afastam e só ficam aquelas que querem tirar proveito de mim. Preciso falar o que penso e sinto, mas como posso parar de chororô e começar a me amar?

Para se autorizar a dizer não e começar a mostrar seu verdadeiro eu, você precisará superar o medo da rejeição, da desaprovação e da não aceitação. O que a moça que me escreveu não percebe é que, por não saber lidar com esses medos, ela acabou virando refém de si mesma e dos outros. Isso porque quem tem dificuldade em dizer não normalmente também não sabe escutar uma negativa vinda dos outros. É quase como se o "bonzinho" vivesse uma espera inconsciente que poderia ser traduzida assim: "Eu o agradarei me sufocando e sempre só dizendo o que você quer ouvir, mas esperarei que você faça o mesmo por mim e que jamais me diga um não". Por isso, a frase "o pior é que eu me esforço tanto para agradar que as pessoas legais se afastam" faz todo o sentido. Porque pessoas legais sabem ouvir e dizer não. Pessoas com uma boa autoestima querem a liberdade de ser quem realmente são e esperam exatamente o mesmo dos outros. Junto aos "bonzinhos" que sempre dizem sim só ficarão mesmo os aproveitadores e manipuladores.

Pessoas com uma boa autoestima são capazes de se expressarem livremente, sem se preocuparem com a reação que os outros possam ter. Elas sabem que é natural discordar e não passam por cima delas mesmas apenas para agradar. Mas atenção: se você quer começar a falar os "nãos" que ficam travados na sua garganta, não espere que o medo de ousar ser você mesmo suma da noite para o dia como em um passe de mágica. Ter confiança em si mesmo é se comportar de um jeito diferente, é como um músculo que precisa ser exercitado. Vamos lá?

EXERCÍCIO 1
A LISTA DE DESEJOS

Faça uma pequena lista com todas as situações para as quais você gostaria de dizer não e crie uma ordem de dificuldade da mais difícil para a mais fácil. Olhando para essa lista, escolha semanalmente uma situação à qual você nunca conseguia dizer não e obrigue-se a fazê-lo. No momento em que precisar dizer sim ou não, pense: "Esta resposta está de acordo com o que quero e penso? Estou concordando por mim ou pelo outro?".

Do mesmo modo que alguém que deseja ganhar músculos começará levantando cinco quilos até finalmente suportar o peso de cinquenta, a ideia é que você comece escolhendo na sua lista a ação que lhe dá menos medo e vá semanalmente aumentando o grau de dificuldade. Você se surpreenderá como algo "simples" como aprender a dizer não fortalecerá a sua autoestima. Além disso, quando você disser sim ao pedido de alguém, vai fazer isso porque quer e, como consequência, vai fazê-lo com amor, dedicação e prazer.

EXERCÍCIO 2
GANHAR TEMPO E SE ORGANIZAR

Hoje em dia, parece positivo alguém dizer que é uma pessoa que vive ocupada. Afinal, ser ocupado transmite a sensação de estar produzindo o tempo todo. Então, se a ideia de dizer não na cara dura não é confortável para você, pare e não dê a resposta de imediato. Diga que vai avaliar se será possível e dê a resposta depois de refletir a respeito. Assim você ganhará tempo e poderá verificar a sua programação, para saber se de fato terá disponibilidade, interna e externa, para atender ao que lhe foi pedido. Então, quando receber esse tipo de demanda, habitue-se a colocar algumas questões para si mesmo.

- Para quem é esse favor?
- Quanto quero fazer isso pelo outro?
- Tenho condições para atender a esse pedido?
- Quanto tempo isso vai me tomar?
- Atender a isso será um peso afetivo para mim?

Esses são apenas alguns exemplos para ajudá-lo a refletir, mas o importante aqui é você decidir dizer sim ou não, respeitando sua verdade interior.

EXERCÍCIO 3
NEGANDO NA PRÁTICA

Aprender a dizer não é bem mais que apenas dizer propriamente o "não". Até porque, dependendo da situação, pode soar grosseiro mesmo. Se realmente estiver disposto a negar um pedido, você com certeza vai se sentir melhor se usar as palavras certas, com educação.

Antes de dar a resposta, é interessante começar com um elogio ou uma expressão de gratidão. Se sua negativa vai desapontar o outro, antes de dar a resposta tente mostrar que se sentiu especial por ter sido escolhido para aquela solicitação. "Nossa, que bacana saber que você pensou primeiro em mim ao pedir isso" ou "É muito bom saber que você confia em mim para essa tarefa". Em seguida, tente incentivar a pessoa a seguir em frente, desejando-lhe boa sorte para que ela possa encontrar alguém capaz de ajudá-la, ou, ainda, dê uma força indicando outra pessoa com disponibilidade para auxiliá-la. E nada de ficar se desculpando muito por não querer ou por não poder dizer sim naquele momento. Você não precisa pedir permissão a ninguém para escolher o que quer. Lembre-se sempre de que dizer não ao outro vai permitir que você diga sim ao que é mais importante para você.

AJUSTANDO O GPS: NEM TANTO AO MAR NEM TANTO À TERRA

Você pode estar achando que a autoestima é algo tão bom que, quanto mais a gente tem melhor fica, não é mesmo? A resposta é não. Existe um lado negativo no excesso de autoestima que aparece quando ela se confunde com o narcisismo. E, aí, a superautoestima pode causar tantos danos para a sua vida quanto a baixa autoestima. E por isso é preciso saber encontrar o equilíbrio.

Então, bebê, vamos começar entendendo que ter uma boa autoestima e ser capaz de expressar quem você realmente é não significa ser narcisista nem se perceber superior aos outros. Significa entender que você não é melhor nem pior que ninguém, e que você, assim como todos os outros seres humanos, precisa de espaço para viver a própria essência e ser livre. Se digo isso, é para que você entenda que ter uma baixa autoestima é exatamente a mesma coisa que ter uma autoestima inflacionada. Na verdade, a segunda serve para disfarçar a primeira. Complicou? Então vamos desatar esse nó escutando uma história que me aconteceu há algum tempo.

Certa vez, eu estava no aeroporto de Guarulhos, em São Paulo, quando um rapaz sentado ao meu lado na sala de embarque puxou conversa. O papo começou de forma agradável, falando-se de amenidades como a chatice que é o tempo que perdemos em aeroportos. Até que, sem mais nem menos, o desconhecido arrumou um jeito de começar a me falar sobre si mesmo de maneira exagerada e a contar coisas que não me diziam nenhum respeito. O sobrenome tradicional de sua família, as empresas do pai, o curso de doutorado que brevemente iniciaria em Londres. Sem ao menos se importar em saber se eu estava interessado, ele seguia me contando sobre o mar de virtudes e sucessos que era sua vida. Em silêncio, eu apenas balançava a cabeça concordando.

Se alguém ao nosso redor estivesse atento à conversa, provavelmente imaginaria que aquele era um rapaz vitorioso, vaidoso das próprias conquistas e com uma autoestima inabalável. Entretanto, para mim, era exatamente o contrário. Eu estava diante de uma pessoa que, por ter uma baixa autoestima, buscava em mim reconhecimento e aprovação. Digo isso porque a verdadeira autoestima está ligada à visão que temos de nós mesmos e não a dinheiro, a títulos, a beleza ou à família à qual pertencemos. É certo que esse tipo de coisa aumenta a autoconfiança, mas absolutamente não determina a autoestima de ninguém. Por isso, é fácil entender que quem vive tentando contar vantagem e mostrar as virtudes que possui inconscientemente sente uma forte carência e precisa provar que tem uma autoestima nas alturas. Só que não!

A autoestima inflacionada esconde uma pessoa que não consegue se amar de verdade e que, em vez de reconhecer que tem problemas, fala para todo mundo que é uma pessoa cuja vida é invejável. A questão é que até pode ser fácil convencer muitas pessoas com essa camuflagem, mas ninguém consegue se esconder de si mesmo o tempo todo. Então, em algum momento, essa armadura se quebra internamente e, quando isso acontece, o indivíduo tenta recuperá-la de duas formas: ou começa a exagerar ainda mais nas demonstrações de autoconfiança (tornando-se quase um narcisista vaidoso) ou passa a buscar o amor dos outros se submetendo às vontades alheias (dependendo compulsivamente da aprovação de quem o cerca e desenvolvendo uma enorme dificuldade de dizer um não – e também de escutá-lo), por medo de ser rejeitado. Entendeu agora por que a baixa autoestima é exatamente a mesma coisa que ter uma autoestima inflacionada e como tudo isso se liga indiretamente à dificuldade de saber dizer não?

Além disso, existem outros danos causados por quem se esconde atrás de uma autoestima exagerada. Por exemplo, as relações sociais de uma pessoa com uma autoestima inflacionada ficam bastante prejudicadas, porque ela se perde em uma eterna busca pelos elogios dos outros para se sentir validada. E aí, quando o elogio não vem, acaba reagindo de forma áspera, demonstrando insatisfação. Isso certamente pode afastar amigos existentes ou com potencial para um bom relacionamento. Sendo assim, pessoas com autoestima desequilibrada para mais podem ser condenadas ao ostracismo. Até porque a gente se sente muito mais confortável ao lado de pessoas mais honestas, do tipo "pé no chão", que não vivem mostrando um orgulho desmedido. Nos relacionamentos amorosos, a coisa fica ainda mais complicada, porque uma pessoa com superautoestima nunca vai conseguir ter empatia, e vai sempre colocar a culpa dos problemas que aparecerem no outro.

E é um círculo vicioso. Como as pessoas tendem a se distanciar de gente assim, isso acaba, como consequência, reforçando ainda mais a baixa autoestima que elas tentam esconder delas mesmas e dos outros.

Esse orgulho excessivo também pode resultar em sérios danos no ambiente profissional. Pessoas com esse perfil eventualmente começam a recusar projetos que poderiam ser bons para seu crescimento, porque acham que o que os outros propõem não está à sua altura. Cegas diante de seus próprios erros e excessos, elas não conseguem perceber o preço social que estão pagando e acabam entrando numa zona perigosa de conforto psíquico ao acharem que não precisam melhorar em nada e que, parafraseando Sartre, o inferno são os outros.

Uma pessoa com autoestima exacerbada também tem problemas para lidar com as críticas, levando tudo para o lado pessoal. Se alguém lhe dá um *feedback* que não foi suficientemente bom, é possível que ela acabe desenvolvendo uma série de comportamentos ou sentimentos negativos por esse alguém e, para se defender internamente da sua baixa autoestima camuflada, tenderá a pensar coisas do tipo: "É claro que não sou assim, sou muito melhor que isso" ou "Essa pessoa só pode estar com inveja de como eu sou incrível". Ou seja, maturidade zero para entender que a percepção do outro a seu respeito pode ajudá-la a ser alguém melhor. Além disso, pessoas com essa superautoestima acabam sendo mais propensas a desenvolverem comportamentos de risco, por acharem que sabem mais que todo mundo.

É preciso aprender a experimentar com naturalidade o fato de que sempre vão existir pessoas que não nos amam ou que não têm por nós a menor consideração que seja (ou a que merecemos). É algo perfeitamente normal na vida de todos! Isso não precisa ser um motivo para você deixar sua autoestima rebaixar ou ser ameaçada.

Para encontrar a dose certa de autoestima para sua vida, lembre-se sempre de que é preciso evitar o egocentrismo, encontrando o equilíbrio ideal entre seu autocuidado e o respeito pelos outros.

Diante do que leu até aqui, provavelmente você deve estar se perguntando: "Tá, tudo certo, eu gostaria de ser uma pessoa feliz, mas como faço para que minha autoestima nem seja baixa nem se disfarce de alta com esses comportamentos quase narcisistas?". A sua pergunta é justa. Afinal, autoestima é a chave para a felicidade com você mesmo, com os outros e com a vida. Assim, o encontro com sua felicidade só será possível se você encontrar sua autoestima. Mas cadê ela? Onde encontrá-la? Ou será que dá para comprar como um suvenir dessa nossa viagem? Isso nós vamos descobrir juntos visitando...

A FÁBRICA DA FELICIDADE

Existe uma fábula, bem conhecida, sobre um rei que vivia preocupado com seu filho único, porque sempre o encontrava muito triste e insatisfeito com a vida. Ele decidiu procurar uma solução, um remédio que trouxesse felicidade ao príncipe. Para isso, foi em busca de filósofos e doutores que, depois de se reunirem, deram-lhe a seguinte recomendação: encontre um homem que seja verdadeira e plenamente feliz, e troque a camisa dele com a do seu filho, e ele ficará curado. O rei procurou em outros reinos, outros países, pelos quatro cantos da Terra. Mas não encontrava ninguém que conseguisse lhe provar que era realmente feliz. O rei, que já estava quase perdendo a esperança, finalmente encontrou o homem que ele tanto procurara. Entretanto, veio a surpresa: o homem feliz não vestia nem possuía nenhuma camisa.

Agora, pense comigo. Quantas pessoas acreditam que vão turbinar a autoestima, e consequentemente encontrar a felicidade, comprando carros, celulares, roupas de grife, mansões, iates? Para, bebê! É claro que essas coisas têm valor na sociedade, e podem abrir mais possibilidades. Entretanto, quando subimos de padrão de vida, nós nos sentimos felizes inicialmente, mas logo tendemos a nos acostumar com esse novo universo, e isso passa a fazer pouca diferença. Além disso, a realização de desejos – principalmente materiais – não está ligada à formação da sua autoestima. Sabe por quê? Porque desejo, por definição, nunca se realiza. Quer ver? Vamos imaginar que seu desejo fosse conquistar um emprego. Você consegue o emprego, agora o desejo é um salário mais alto. Depois, o desejo é ter a casa própria, em seguida, o carro dos sonhos. E assim vai... O desejo sempre vai escorregar e "colar" em outro objeto ou objetivo e você sempre se sentirá insatisfeito. Somos criaturas feitas de uma falta que nunca acaba e por isso o desejo nunca consegue ser saciado. Quando pensamos que conseguimos, ele renasce em outro terreno. E não é outro desejo, é sempre o mesmo. O desejo de algo que nos complete. Ele só muda de roupa.

E se o desejo nunca se realiza, a boa notícia é que uma fábrica da felicidade existe, sim, e você pode ter acesso a ela com facilidade, porque está em você. A ausência da camisa no homem feliz parece nos lembrar que o segredo de uma boa autoestima é vestir a própria pele, fazendo as pazes com cada imperfeição do seu corpo e da sua alma, e amando-se independentemente do seu tamanho, da sua cor, da sua inteligência, da sua condição social ou do que quer que você tenha ou sinta que lhe falta. Entenda que a felicidade é algo que nunca vai ser encontrado fora de nós e que sua autoestima depende apenas de sua capacidade de valorizar a si mesmo. Mas como colocar para funcionar as engrenagens dessa fábrica de autoestima e felicidade que está instalada dentro de você?

1. Desative o modo automático

Reflita comigo. As coisas que você faz e escolhe são aquelas que o colocam no centro ou na periferia da sua própria existência? O que quero dizer é que a sociedade e o ritmo da vida contemporânea nos ensinam a sermos aquele "que faz o que deve ser feito". E não há nenhum mal nisso. O problema é que, quando entramos no modo automático, é bem fácil que acabemos nos desconectando de nós mesmos e passemos a viver como robôs, "programados" para executar tarefas. Mas é bom lembrar que, mesmo com a inteligência artificial cada vez mais avançada, máquinas não têm autoestima e tampouco conseguem entender o que é ser feliz.

Então, responda para si mesmo: onde estão seus amores, amigos, sonhos, projetos e desejos? Quando foi a última vez que você exercitou fazer sua vontade genuína, e não a vontade que disseram que você deveria ter. Dessa forma, fortaleça sua autoestima começando a observar se existe espaço em você para manifestar aquilo que você é na sua essência, sem se retalhar ou se dividir internamente. Você pode fazer isso usando o bloco de anotações do seu telefone, um pequeno caderno para os que gostam de escrita manual ou até mesmo um diário, onde você possa anotar todos os dias ou mesmo semanalmente seus sentimentos, emoções, frustrações, percepções de si mesmo... O importante desse exercício é começar a se observar para além do automatismo cotidiano. Para fazer um comparativo da sua evolução, sempre no mês seguinte, releia os registros anteriores. Essa releitura das suas emoções e vivências diárias permitirá que você descubra a si mesmo e perceba onde deve investir mais atenção e energia para mudança. Esse olhar externo certamente vai lhe ser muito útil para entender onde você envenena sua autoestima e mina sua felicidade.

2. Seja quem você pode ser

De saída, já leve dentro de si esta frase: nós não somos quem queremos, somos quem conseguimos ser. Lutar contra as coisas que não temos controle para mudar, além de ser uma grande perda de tempo, acaba criando uma relação conflituosa com você mesmo. Aceite-se tal como você é. Para isso, três coisas são necessárias: assuma para si mesmo seu passado, desenvolva respeito pela sua história e não tenha vergonha das coisas que fez ou viveu, porque elas aconteceram da forma que você podia ou suportava viver.

Seus sofrimentos e tropeços fazem parte do seu aprendizado de vida. Sabendo disso, aceite-os com generosidade. Desenvolva a consciência de que você não é perfeito, nem teria como ser. Em vez de gastar toda a sua energia remoendo coisas que fez no passado ou características que o incomodam, ou que até parecem fraquezas, acostume-se a dar sempre um destaque mental a seus pontos fortes. Conhecer suas imperfeições e limites é importante, mas cultuá-las... jamais! Isso está fora de questão, pois o impede de acessar e aceitar suas qualidades e forças. Lembre-se de que aceitar-se muitas vezes significa amar coisas em você de que os outros não gostam. E está tudo bem, porque aceitar que a nossa vida e os nossos desejos não são iguais aos das outras pessoas é o que nos torna únicos e especiais.

3. Responsabilize-se por quem você é, e não pela fantasia dos outros

Você é como um diamante lapidado, composto de diferentes facetas. E cada ângulo dessa pedra preciosa chamada você vai refletir a luz da vida de diferentes maneiras, mas sempre do seu jeito. E, para levar em consideração todas as suas facetas, você tem de parar de tentar agradar todo mundo e desistir de procurar sua autoestima nos olhos das pessoas ao seu redor. Ser você mesmo é agir de acordo com o que é bom para você.

Mas isso não significa que você seja como uma concha fechada no seu mundinho. Não se engane ao pensar que as pessoas não têm importância na construção da sua autoestima/felicidade. Os outros, como sociedade, estarão sempre presentes na sua vida. Tudo que você é e em que se transformou foi moldado na relação com as pessoas. Não se responsabilizar pela fantasia que os outros têm a seu respeito não significa que eles deixam de existir ou perdem a importância na sua forma de se autoperceber e de se comportar. É exatamente o oposto.

E o curioso, para não dizer trágico, é que, sem você perceber, essa sociedade que alicerça sua construção como pessoa também é a mesma que o sufoca impedindo que você seja quem realmente é. Reescrevendo a frase do poeta Augusto dos Anjos, podemos dizer que a sociedade que te cria e afaga é a mesma que te castra e apedreja[1]. Parece um pouco contraditório, não é? Tudo bem, quero que você entenda como funciona essa contradição, e como fica sua autoestima no meio dessa luta. Então, é hora de avançarmos na viagem rumo a nossa próxima parada.

---

1 "A mão que afaga é a mesma que apedreja", do poema "Versos íntimos", escrito e publicado em 1912, no livro *Eu*.

capítulo 3

SEGUNDA PARADA: UMA VISITA À RUA DOS JULGAMENTOS

A ÚNICA COISA DA QUAL NÃO PODEMOS DUVIDAR É DA nossa existência. Esse pensamento é do filósofo francês René Descartes, que escreveu a célebre frase: "Penso, logo existo". Mas sempre imaginei que para que essa afirmação tivesse mais a ver com o nosso mundo, ela deveria ter sido escrita no plural: "Pensamos, logo existimos". Porque não dá para pensar em existência humana sem considerar a existência dos outros. Eu preciso do coletivo para viver, pensar, ter uma identidade e até mesmo entender que existo.

E, para confirmar o que digo, tenho um bom exemplo. Talvez você já tenha ouvido falar do caso real do menino russo Ivan Mishukov, que fugiu de casa aos quatro anos e, tendo sido criado por cães por cerca de dois anos, passou a se comportar como eles, rosnando e reproduzindo os sons dos cachorros. Só quando finalmente foi encontrado pela polícia de Moscou e reintroduzido no convívio social por educadores e psicopedagogos, o garoto voltou a se comunicar na língua russa e, aos poucos, foi perdendo os trejeitos animais.

Com esse exemplo, você consegue entender que é na relação com os outros humanos que construímos nossa identidade e escrevemos nossa história. Por isso, mesmo que você seja uma pessoa que gosta de viver isolada dos outros, não dá para escapar do fato de que somos seres sociais. E é pela necessidade de nos sentirmos aceitos dentro de um grupo que acabamos adotando comportamentos em comum. Por meio dos nossos gostos, valores, estado civil, religiosidade e outras características, vamos nos inserindo em grupos que também compartilham desses mesmos traços. É por isso que a gente cria laços com determinadas pessoas e com outras não. Ou seja, nossas identidades sociais vão sendo construídas nesse jogo de encontros e desencontros, e com a autoestima é lógico que não seria diferente, bebê.

Em outras palavras, não somos nada sem os outros. Mas se por um lado a sociedade me constrói, por outro ela e todas as suas normas não têm força – ou não deveríamos deixar que tivessem – para engolir nossa individualidade. Fiz essa figura para que você entenda melhor como a identidade humana, e consequentemente a autoestima, se forma por intermédio dessa mistura com o meio social, mas sem que você desapareça. E, quando falo em sociedade, refiro-me a todos os micro e macrouniversos em que estamos inseridos: país, cidade, família, escola, trabalho, amigos.

Percebe que autoestima vai muito além do clichê do "se amar primeiro"? Sim, eu sei, leitor, na teoria tudo que escrevi parece simples e fácil. E de fato seria, só que, na prática, a sociedade humana está cheia de gente preconceituosa e hostil a escolhas individuais, prontas a atacarem a autoestima e a identidade de quem ousar viver e fazer as coisas de forma diferente da maioria. É a chamada defesa da estrutura contra a mudança. Por isso, geralmente somos ensinados que as coisas têm de ser como sempre foram, que você precisa gostar do que a maioria diz e pensa – e acreditar nisso –, e que conceitos como certo e errado, normal e anormal, natural e antinatural são verdades absolutas, que não devem ser relativizadas ou questionadas. Assim, você vai sendo ensinado, desde sempre, a aceitar a realidade imposta pela maioria e segue anulando sua individualidade, impedindo-se de ter uma autoestima saudável. Afinal, quando você assume papéis que a sociedade determina, e nega suas próprias verdades e desejos, fica bem mais difícil se amar.

Mas como isso é possível se cada pessoa tem livre arbítrio para pensar, sentir e se comportar, desde que dentro da lei, como quiser e bem entender? Porque o seu eu também aprende, quando você ainda é criança, que se não "andar na linha" você vai ser julgado e sentenciado por centenas de línguas fofoqueiras, que vão machucar sua autoestima e desqualificar sua identidade. Essa "estratégia" de controle social funciona tão bem que aos poucos ela começa a persegui-lo como uma multidão interna, ditando frases que ecoam na sua cabeça. "Mas o que é que os outros vão pensar de mim?", "O que minha família vai dizer se souber?", "Meus filhos nunca vão me perdoar se eu me comportar de tal maneira". É claro que, depois de um tempo, você, sem perceber, vai se tornar um juiz de si mesmo, extremamente poderoso e que se condena à autocensura e à irrealização pessoal eterna. E o mais grave é que essa "programação cerebral" castradora em geral começa na própria família. Para você entender melhor, vamos ao meu consultório acompanhar a história de uma das pacientes que atendi.

Joana, uma moça nascida em uma família de classe média alta, que tinha tudo que a sociedade diz que se precisa ter para ser bem-sucedida e feliz. Era jovem, bonita, saudável, e sempre tivera acesso à cultura e boa educação. Tudo estaria perfeito, não fosse por um detalhe: ela se sentia profundamente infeliz e fracassada.

Acho que, desde que me entendo por gente, sinto essa tristeza dentro de mim. É como se uma nuvem de sombras estivesse sobre minha cabeça, me acompanhando aonde quer que eu vá. É um aperto no peito e um nó na garganta que nunca passam. Fui a um psiquiatra, que me diagnosticou com depressão, mas, mesmo tomando os remédios que ele receitou, não sinto que estou melhorando. Não sei se me sinto mal porque nada na minha vida presta ou se as coisas sempre deram errado porque nunca me senti bem. Nunca consegui passar no vestibular que eu queria. Penso que não sou esforçada o suficiente... ou nem mesmo capaz! E minha vida amorosa é outro lixo. Os rapazes que se interessam por mim simplesmente desaparecem depois dos primeiros encontros. E isso acontece com tudo que tento conquistar. Não sei, acho que tenho uma energia carregada, deve ser mesmo algo muito ruim estar ao meu lado. Nunca achei que prestasse para nada mesmo. O senhor deve estar pensando

> como posso achar tanta coisa ruim de mim mesma. Pois eu lhe digo: aprendi com a vida. Há anos, minha vida me ensina que sou essa pessoa.

Joana achou graça quando lhe perguntei se ela saberia me dizer quem havia ensinado isso para a vida dela. A resposta foi aparentemente aleatória. "Certamente foi Deus." Insisti na pergunta: "Deus Pai, ou seu pai?". Ela se calou, ficou reflexiva e passou o restante daquela sessão em silêncio, mas nas semanas seguintes minha intervenção deu frutos e ela começou a falar dos problemas que existiam por trás daquela família socialmente tão bem estruturada. Filha de um pai agressivo, que não se conformava com o fato de não ter tido o filho homem que tanto queria, era frequente Joana escutá-lo dizer que ela era fraca, burra, que sempre fazia tudo errado. Como contraponto às agressões paternas, a mãe a superprotegia, dizendo-lhe que ela era uma menina frágil, mas muito amada e que nunca deixaria nada de mal acontecer a ela. Ou seja, se o pai sabotava a filha abertamente, a mãe fazia o mesmo, só que de forma sutil e bem-intencionada. Aos poucos, foi ficando claro para Joana que, mais que de depressão, ela sofria mesmo era de uma baixa autoestima poderosa, que a perseguia com ferocidade. E, a partir daí, reconhecendo o problema, começamos a trabalhar e a reconstruir a identidade e a autoestima dela.

Eu, você, Joana... todos nós vivemos numa sociedade em que as expectativas que temos em relação aos outros são muito inflacionadas e, como consequência, os outros também esperam muito de nós. Viver fixado nessa forma de funcionamento é algo perigoso, porque, em última análise, as expectativas falam muito mais da verdade de quem as tem que do mundo da pessoa sobre a qual elas recaem.

E é nesse jogo de expectativas e de busca por aprovação externa para se afirmar e se amar que muitos – ou talvez a maioria – acabam querendo alterar a própria personalidade ou os próprios comportamentos, só para obter a recompensa de ser aceito e bem falado. E é aí que mora o perigo: apesar de o desejo de obter a aprovação de outras pessoas ser algo comum, quando você cede cegamente ao que dita a sociedade por medo do que os outros falarão de você, seu eu se retrai como um pássaro em uma gaiola, sua autoestima sofre e você acaba se perdendo de si mesmo.

Então, temos um nó para resolver aqui. Como viver em sociedade sendo único e se amando do seu jeito se você não pode sair dos formatos impostos e ser diferente? Dá para viver sem ter de visitar a rua dos julgamentos? Penso que sim, se você se conscientizar de algumas coisas.

1. Quebre a corrente da vingança

Todos nós julgamos a vida alheia e sentenciamos o comportamento do vizinho. É quase automático. Simplificando a questão, funciona mais ou menos assim: a sociedade cria regras e comportamentos que a maioria deve seguir e igualmente dita aqueles que devem ser evitados. Então, quando você vê uma pessoa, seu cérebro imediatamente avalia se ela se encaixa nessas expectativas que o meio social lhe ensinou a ter. Se você julgar que ela é uma pessoa "dentro dos padrões", ela será vista como inofensiva. Por outro lado, se ela estiver "fora das regras", muito provavelmente vai virar alvo de fofoca, difamação, crítica e julgamentos preconceituosos. É esse comparativo tóxico que nos faz acreditar que existem os "mocinhos" e os "bandidos" – e que cria a divisão entre as pessoas.

Mas pense comigo: se quando é você o alvo desses julgamentos isso o faz sofrer e sua autoestima fica diminuída ou abalada, por que então você também faz isso com os outros? A resposta é simples. Porque o controle social baseado nessa perversidade do julgamento alheio cria uma espécie de vingança inconsciente de todos contra todos. É como se algo dentro de cada pessoa dissesse assim: "Tudo bem, eu vou sufocar minha verdade e meus desejos só para viver a personagem que a sociedade espera de mim. Entretanto, se vou me asfixiar em vida, tenha certeza de que vou cobrar o mesmo de você". E é assim que viramos vítimas e algozes ao mesmo tempo.

Para melhorar sua autoestima e tomar conta da sua identidade, quebre a corrente da vingança e não perpetue essa escravidão. Comece a aceitar que existe o seu mundo e o dos outros, e que eles não precisam se chocar nem se destruir. Entenda, também, que seu julgamento tem mais a ver com você mesmo que com as pessoas julgadas, e a mesma coisa acontece quando os outros o estão julgando. Isso porque, no fundo, julgamos os outros para tentar nos sentir melhor conosco. Coloque na cabeça que você só vai conseguir alcançar seu bem-estar interior e sua liberdade quando melhorar seu amor-próprio, em vez de continuar tentando se vingar do outro, participando do disse-me-disse social.

2. Expanda suas perspectivas

Somos bilhões de possibilidades humanas neste mundo. Então, reconheça que você pode ser único e especial, mas nunca será unanimidade. Tentar agradar a todos é uma utopia que só gera desgaste e perda de tempo e energia. Reconheça que você não precisa ser necessariamente reflexo da forma como a sociedade se estrutura, e vice-versa. Você pode sim viver, dentro do limite do seu possível, em harmonia com as normas da sociedade na qual está inserido, mas sem perder o contato com seus desejos, sua personalidade e sua força de transgressão. Afinal, quem apenas faz tudo como sempre fez e procura unicamente satisfazer as expectativas dos que o cercam vive a vida dos outros, mas não a própria. Por isso, numa certa medida, é preciso transgredir sim. Afinal, ainda que você não o faça, as pessoas vão continuar atacando umas às outras, tecendo fofocas a seu respeito e zombando delas, só para protegerem seus egos conservadores e temerosos com a experiência da mudança. Então, se ser alvo do julgamento alheio é inevitável, fortaleça sua autoestima não se apagando para si mesmo.

3. Seja o único que decide sobre sua reputação

Compreendo que a reputação é algo importante. Mais que nunca, vivemos na era da imagem, e isso vale ouro! Mas quero que você entenda que cuidar da sua imagem deve ser algo que vem de dentro para fora, e não o contrário. Não tenha medo de expor seus pensamentos e deixar claro quais são seus valores. Defenda-os quando for preciso! Quando você abre espaço para a insegurança e a vergonha de ser quem é, com certeza o ataque dos outros acaba sendo feroz, e você é rapidamente engolido pela opinião alheia.

Mergulhe no seu próprio universo e se aperfeiçoe tanto nos seus sentimentos quanto na sua capacidade de aprendizado. Quanto mais você identificar e reforçar os traços da sua personalidade, mais isso irá fortalecer sua autoestima e a certeza de que sua reputação é inabalável porque lhe pertence. As pessoas são atraídas por quem tem orgulho de si mesmo e vão gostar de estar ao seu lado exatamente pela segurança interna que você transmitir.

É hora de conviver com a certeza de que você não vai conseguir controlar o que as outras pessoas dizem a seu respeito, mas seguramente pode controlar a forma como responde e como lida com as pedras que lhe atiram, fazendo da resiliência sua melhor companheira.

4. Use seus talentos a seu favor

Tente listar seus talentos ou as coisas que tem segurança em fazer. Se parecer difícil identificar suas qualidades e talentos, um caminho é você se lembrar dos elogios e das mensagens positivas que está acostumado a receber das pessoas ao seu redor. Agrupe as coisas positivas que os outros falam sobre você. Que elogios você recebe regularmente?

Ao lado dos elogios ou das habilidades listadas, escreva as formas pelas quais cada uma delas pode ser usada para ajudar alguém ou algum grupo. Por exemplo: se você toca bem um instrumento musical, pode ensinar essa habilidade para outra pessoa. Se é um amante do cinema, pode criar um *blog* ou canal na internet com críticas ou comentários de filmes. Isso também vale para sua capacidade de falar em público, resolver problemas mecânicos, cozinhar, redigir textos, organizar papéis ou bagunças. Todo mundo sempre sabe fazer alguma coisa bem, e compartilhar seus talentos é uma das melhores formas de usar o olhar dos outros como reforço positivo para sua autoestima.

USE SEU SEGURO CONTRA DESRESPEITOS

Ao caminhar pela rua dos julgamentos, é bem provável que em muitas oportunidades você vá se sentir, além de reprimido, desrespeitado. E aí, como reagir quando isso acontece? Como estamos juntos nesta viagem, eu lhe darei de presente um "seguro contra desrespeitos". Afinal, viaja mais tranquilo quem leva na bagagem alguma apólice que garanta proteção contra imprevistos. Vamos aprender a usar esse seu presente?

Há quem pense que ter muito dinheiro no banco compra respeito na vida. Mas isso é um engano, já que na rua dos julgamentos o falatório é geral e o desrespeito respinga em todo mundo. Também tem gente que acha que desrespeito se resolve xingando ou até dando pancada em quem fala o que não devia. Se você pensa ou se comporta dessa forma, para, bebê! Para porque, se formos por esse caminho, nossa sociedade vai ser um enorme ringue de MMA, não acha? Além do mais, ser violento ou agressivo passa uma falsa sensação de ser respeitado, quando na verdade as pessoas só estão com medo de você ou achando-o maluco. Assim, comece a perceber que sua raiva, seu ódio ou até mesmo seu desejo de vingança devem pertencer a você e não o contrário. Ficar refém de si mesmo, sendo capacho dos seus sentimentos agressivos, também não é solução, combinado?

Entendido isso, o primeiro passo para usar seu "seguro contra desrespeitos" é compreender como o mecanismo do desrespeito funciona. Para isso, pense que todos temos, em torno de nós mesmos, um espaço imaginário que podemos chamar de espaço de existência psíquica.

89

ESPAÇO DE EXISTÊNCIA PSÍQUICA

Essa pessoa no desenho é você e a área dentro do círculo ao seu redor é o espaço onde estão as coisas que formam sua personalidade, a maneira como você se percebe como integrante da sociedade, seus valores e pensamentos construídos. Esse espaço é protegido por camadas, e as pessoas têm acesso a ele em graus variáveis de profundidade quando você interage com elas.

Na camada mais interna, ficam as pessoas com as quais você mais interage, mais se identifica, que conhecem mais detalhes da sua vida e têm uma troca afetivo-emocional mais profunda com você. Na segunda camada, estão as pessoas do chamado grupo de empatia, um pouco mais afastadas do seu espaço de existência psíquica. Na terceira camada, permanecem as pessoas com quem você quer manter contato, mas que não necessariamente precisam ter tanta proximidade, como os colegas de estudo ou trabalho, por exemplo. E, assim, a quantidade e a espessura das camadas que seu eu constrói vão aumentando ou diminuindo, de acordo com o número de pessoas que você permite que se aproximem mais ou menos do seu espaço de existência.

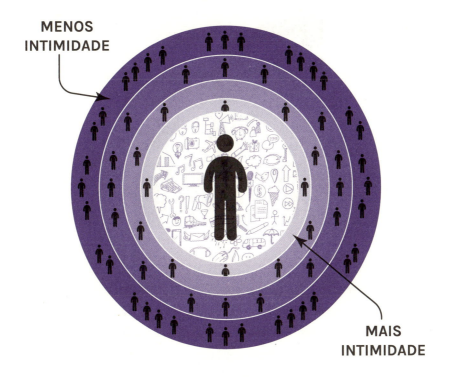

Cada camada estabelece um limite até onde você suporta que os outros cheguem. Quem ultrapassar alguma camada sem seu convite ou permissão será visto por sua mente como um intruso desrespeitoso, pois isso vai lhe causar um desconforto emocional e você irá sentir que essa pessoa está invadindo sua intimidade psíquica. É claro que a quantidade de camadas varia de pessoa para pessoa e pode ser mais espessa para algumas e mais fina para outras.

Como é você quem estabelece em qual camada cada pessoa permanece, quem o cerca vai constantemente tentar ultrapassar as delimitações que você coloca. Funciona mais ou menos assim: por meio de olhares, comportamentos, conselhos, sugestões, palpites, ou outros tipos de interação social, as pessoas começam a colidir com os limites das camadas, numa tentativa de transpô-los.

    Muitas fazem isso sem se darem conta do que estão fazendo, e agem assim para saber quem você é na sua essência, para terem mais intimidade, entenderem que tipos de atitude e comportamento você tolera e descobrirem se você corresponde à personagem social que julgam correta e quanto você cumpre as regras grupais preestabelecidas. Além disso, alguns tentam furar as barreiras e chegar mais perto da sua existência psíquica mais profunda para, entendendo o que podem conseguir de você e sabendo até onde chega sua boa vontade/paciência com os demais, obterem vantagens pessoais. E o desrespeito acontece exatamente quando pessoas, bem-intencionadas ou não, tentam trocar de camada ou chegam a fazê-lo sem sua permissão ou convite.

    Independentemente se o desrespeito do outro se produz de forma consciente ou inconsciente, esse é o momento de acionar seu "seguro contra desrespeitos". Para isso, siga o passo a passo.

a. Perca o medo de dizer não

A gente já conversou sobre isso antes, mas é fundamental reforçar a importância de saber dizer não e de ter em mente quanto isso repercute na manutenção da sua autoestima. O não é mais que necessário na sua vida, sobretudo quando o outro consegue, ou ao menos tenta, invadir seu espaço de existência psíquica. Faça essa interdição ao seu espaço sempre que perceber que as pessoas tentam participar de uma camada da sua vida para a qual não foram convidadas, ou ultrapassam um limite que você julga inadmissível. Então, além dos exercícios que já lhe propus no capítulo dois para desenvolver a prática do dizer "não", tenha em mente que sua capacidade de pronunciar essa "palavrinha mágica" é determinante no quesito ter ou perder o respeito dos outros. Quanto mais você diz sim a uma pessoa sem que esse seja seu verdadeiro sentimento, menos feliz você vai ficar e mais espaço será aberto para que novos desrespeitos voltem a acontecer.

Compreenda que, por não conseguir defender ou deixar claros os limites do seu espaço de existência psíquica, no fundo quem não o está respeitando é você mesmo. E, se você não estabelece esse limite por medo de perder o amor ou carinho dos outros, aprenda que ninguém conseguirá amá-lo de verdade se não sentir respeito por você.

b. Mostre sua verdade

Você não será respeitado se ficar fingindo uma personagem só para agradar aos outros e a sociedade. Desconstrua esse mal hábito e saiba que você não vai morrer só porque algumas vezes não obteve a aprovação alheia. Exercite o direito de expor suas ideias e sentimentos, bem como de afirmar sua personalidade. Agora, claro, isso não significa ser grosso com os outros ou se tornar uma pessoa fechada e intransigente. Admitir que está errado e saber dar um passo atrás também vai fazer com que as pessoas o olhem com respeito, pois você continuará passando credibilidade.

c. Cuide da sua linguagem corporal

Não é só com as palavras que a gente coloca os limites que impedem o outro de nos desrespeitar. Nossa postura corporal também é muito importante nesse processo. Tenha uma postura confiante e, diante de alguém que o desrespeita ou que tende a desrespeitá-lo, procure não demonstrar sinais de coitadismo ou de submissão. E que sinais são esses? Sorrir para alguém que você acha pouco respeitador, por exemplo, tende a dar um sinal inconsciente para o outro que ele pode fazer ou dizer o que quiser, pois seu sorriso indica que ele não está correndo nenhum perigo. Isso vai fazer com que ele se sinta cada vez mais livre para invadir sua zona de integridade e danificar sua autoestima. Então, sorria sempre e muito, mas para as pessoas que lhe têm respeito e consideração, e não para alguém por quem você se sente invadido. E a mesma coisa ocorre se você baixar os olhos para quem habitualmente tende a desrespeitá-lo. De novo, você vai passar uma mensagem que deixa o outro tranquilo para fazer e dizer o que quiser, sem limites. Então, mantenha sempre olhos nos olhos com esse tipo de pessoa, isso é fundamental. Outro sinal clássico de submissão é curvar os ombros para a frente, numa postura de encolhimento. Diante de pessoas desrespeitosas, mantenha sempre a postura do Super-Homem ou da Mulher-Maravilha: cabeça erguida e peito estufado.

Agora, você deve estar se perguntando: "Certo, mas e se eu fizer tudo isso que você ensinou e o outro continuar a me desrespeitar? O que devo fazer?". Calma, bebê! O seu "seguro contra desrespeitos" também cobre essa modalidade de evento. Caso isso aconteça, é hora de você analisar a linha de relação que o liga a essa pessoa.

Quando você se comunica com alguém, estabelece uma linha de relação carregada de mensagens e pistas a seu respeito, e esse alguém ajusta o comportamento e a forma de lhe responder em função desses sinais que você emite de forma consciente ou inconsciente. Agora, vamos imaginar que você criou uma linha de relação com uma pessoa, e como resposta ela o desrespeitou com algum tipo de zombaria, por exemplo.

FALTA DE RESPEITO

Nesse caso, você precisa parar e tentar entender que sinais ou comportamentos colocou na sua linha de relação que fizeram com que essa pessoa se sentisse suficientemente livre para zombar de você. Afinal, por mais mau-caráter, desrespeitosa ou desagradável que ela naturalmente seja com diferentes pessoas, ela não chegaria diante de um policial, no meio da rua, e zombaria dele, concorda? Afinal, a camada de relação que existe entre essa pessoa e o policial informa que, se houver desrespeito, haverá igualmente consequências negativas.

Por isso, se você está dizendo não, mostrando quem realmente é, evitando demonstrar uma linguagem corporal de submissão, e o outro continua a machucar sua autoestima desrespeitando-o ao avançar além da camada que você estabeleceu para ele dentro do seu espaço de existência psíquica, existe alguma falha na sua linha de relação que o autoriza a persistir no comportamento. Para entender o que digo, imagine que, se você for a uma fonte e não tiver água, você voltará duas, três vezes. Na quarta vez, no meio do caminho, você vai lembrar que é inútil voltar lá e não vai mais fazer isso. No entanto, se, em algumas dessas idas, sair mesmo que seja um fiozinho de água, você nunca vai desistir de buscar essa fonte. Então, reflita e encontre a falha no seu sistema de comunicação. Pode ser só um fiozinho de água que você quase não vê, mas tem algo lá nutrindo o jeito como o outro funciona com você. Identifique a falha, crie uma barreira e seque essa fonte definitivamente. Garanto que o comportamento desagradável será neutralizado e vai desaparecer.

Ou seja, cabe a você mudar a si próprio criando barreiras nas camadas de relação que vão manter a pessoa no lugar que você deseja que ela esteja, dentro do seu espaço de existência psíquica, e não ficar esperando que a transformação no comportamento de quem quer que seja "venha do céu", gratuitamente, porque isso não vai acontecer. Também é preciso lembrar que quem quer ter uma autoestima fortalecida e respeitada, precisa de início respeitar a si mesmo e aos outros. Será que você tem feito isso?

Além da posse do seu "seguro contra desrespeitos", ainda tem outra coisa sobre a qual precisamos conversar e que vai ajudá-lo a atravessar a rua dos julgamentos sem permitir que pedaços seus sejam arrancados ou suprimidos. Assim como você não é, nem precisa ser, da forma como a sociedade espera, tem muita coisa aí no seu interior e na sua vida em geral que também está longe de ser como você gostaria, não é? Isso faz com que você acabe criando ilusões para si mesmo, só para conseguir preservar sua autoestima. E aí muitas vezes você filtra ou transforma a realidade de um jeito tão intenso que chega ao ponto de só conseguir perceber em si mesmo as coisas em que quer acreditar. Estou dizendo que você mente para si mesmo e, ao contrário do que pensava Renato Russo ao cantar que "mentir pra si mesmo é sempre a pior mentira", a coisa não é bem assim. Esse comportamento é tanto positivo quanto negativo. Surpreso com essa afirmação, leitor? Então, deixe-me complicar um pouco mais. Será que é possível mentirmos para nós mesmos? Para desatarmos esse nó que dei na sua cabeça, continuemos nossa caminhada até um antigo sobrado localizado já na saída da rua dos julgamentos. É hora de irmos juntos visitar...

A CASA DO MÁGICO

Mesmo que você nunca tenha assistido ao grande clássico do cinema *O Mágico de Oz*, certamente já deve ter ouvido falar dele. No filme, Dorothy é levada por um tornado até o mundo encantado de Oz. Lá, ela inicia sua busca para retornar a seu mundo e, para isso, precisa encontrar o Mágico de Oz. Durante sua jornada, além de viver muitas aventuras, a menina encontra três personagens que também precisam da ajuda do poderoso mágico. Um espantalho que gostaria de ter um cérebro, um homem de lata que busca conseguir um coração e um leão que precisa achar sua coragem. O mágico, que só é encontrado no final da trama, aparece como uma espécie de rosto ameaçador que flutua cercado de fumaça, trovões e labaredas de fogo. Até que Dorothy descobre que ele é apenas um velhinho frágil, inseguro, que não possui nenhum poder e que, escondido atrás de uma cortina, criava efeitos especiais que o faziam parecer grande, importante e poderoso.

É certo que o filme, como toda obra artística, se mostra repleto de significados e mensagens, mas não pretendo analisar cada uma delas aqui. Gostaria que focássemos apenas em um aspecto da trama: a farsa do mágico. Até porque, existe uma lição muito bacana a respeito da construção da nossa autoestima, que dá para tirar dessa história.

Será que somos mesmo tão diferentes do mágico de Oz, ou vivemos criando artifícios que nos ajudam a nos sentir melhor e mais em paz com nossa autoestima? Na verdade, não existe tanta diferença entre as máquinas que o velhinho do filme usava para ser percebido como um feiticeiro poderoso e os filtros que você coloca nas fotos que posta em suas redes sociais, por exemplo. É ou não é? Isso também vale para a maquiagem que esconde imperfeições, o salto alto que dá a sensação de mais altura e elegância, os anabolizantes que alguns usam para mudar o corpo, as injeções a que outros recorrem para esculpir o rosto. Percebe que a gente faz tal e qual o mágico de Oz?

Se por um lado xeretar atrás da cortina do mágico ensinou a Dorothy que fórmulas mágicas não existem e que as soluções para nossas dores ou problemas só podem ser encontradas dentro da gente, por meio das nossas próprias capacidades, por outro lado jogou um questionamento importante no ar. Em busca de uma melhor relação com nós mesmos:

1. **É justo ou lícito mentir para os outros?**
2. **Será que vale a pena praticar o chamado autoengano, buscando criar "realidades" que colocam a autoestima para cima só para tornar a vida mais tolerável?**

Essas duas perguntas são complementares, porque não dá para falarmos em autoengano e no papel que ele desempenha na nossa autoestima sem começarmos conversando sobre a mentira. Você, assim como eu, certamente aprendeu desde cedo que o verbo mentir sempre vem seguido de algum adjetivo ou substantivo negativo. É feio, é errado, é pecado, é cruel. A família, a sociedade, até os grandes pensadores, como Platão, Kant e Santo Agostinho, por exemplo, sempre falaram mal da mentira e da intenção de enganar. Ou seja, defender que as relações humanas precisam ser baseadas na confiança e que não há nenhum bom argumento que justifique a mentira parece um pensamento unânime. Essas ideias sobre o ato de mentir soam mesmo muito justas e fazem sentido.

Só tem um probleminha aí. Todos mentimos, todos os dias, para diferentes pessoas. Inclusive para aquelas que amamos muito, como nossos filhos. Calma, bebê! Não estou dizendo que mentir é certo, mas talvez você entenda que a mentira seja algo inaceitável porque acredita que existe apenas um tipo de mentira. Mas não é bem assim. Realmente, existe a mentira perversa, aquela que despreza a ética e é usada com o objetivo de obter algum ganho individual, como prazer, dinheiro, vantagens, *status* ou poder. Essa mentira, em que a única coisa que importa é o mentiroso, que trai e trapaceia em benefício próprio sem nenhum escrúpulo, é, de fato, inadmissível e deve ser combatida individual e socialmente. É bem provável que você já tenha sido vítima desse tipo de mentiroso, e por isso deve saber como a gente se sente quando passa por uma situação assim.

Mas me permita compartilhar com você, leitor, algo da minha história. Certa vez, em uma das entrevistas que costumo dar em programas de TV aqui na minha cidade, no qual se discutia a existência de mentira entre casais, a apresentadora disse: "Mas o psicólogo, com certeza, é uma pessoa que nunca mente". Olhei para a câmera, ao vivo, e disse: "Eu minto, minto muito, e minto bem!". E, dessa vez, estava falando a verdade.

Antes que você pense que está lendo o livro de um farsante ou de um canalha, deixe-me explicar. Eu minto, pois gosto de viver em sociedade. Então, comece a entender que certos tipos de mentira são o cimento que une o tecido social, e é preciso que as pessoas percam o pudor para falar sobre isso e parem com a farsa de se dizerem todas pessoas cem por cento honestas e transparentes como um cristal. Vamos começar a admitir em voz alta que não é possível existir uma sociedade na qual as pessoas digam o tempo inteiro toda a verdade. Portanto, é claro que você, assim como eu, mente todos os dias.

Mas, antes que você ache que isso que eu disse é uma ofensa, responda com honestidade. Você diria a seu chefe que o implante de cabelo que ele fez ficou ridículo? Falaria para a anfitriã de uma festa que a comida que ela está servindo é um desastre? Contaria a uma pessoa que está morrendo que ela não vai passar daquela noite? Mostraria a um amigo deprimido que a aparência dele está decadente? Teria coragem de confessar publicamente toda a verdade sobre suas práticas e fantasias sexuais? Depois de dizer "Bom dia, tudo bem?" a um colega de trabalho, você quer, de fato, saber como ele está se sentindo?

Fugindo de usar a palavra mentira e dizendo de uma forma mais simpática, para além da verdade pura e dura, em qualquer relação social é preciso um pouco de jogo de cintura e delicadeza. Até porque, se você começar a falar tudo que realmente sente ou que pensa sobre todo mundo, simplesmente não conseguirá existir de forma coletiva. Você morrerá para a sociedade, vítima de um "sincericídio".

Agora que você compreendeu que a mentira é um tipo de ferramenta universal sem a qual a vida social humana não conseguiria se estabelecer, você está pronto para mergulhar no mundo do autoengano. Ou seja, aquelas ilusões que você cria para aceitar como verdadeira uma informação que sabe que é falsa. E, assim como a mentira ajuda a construir os laços sociais, o autoengano é muito útil na construção ou no fortalecimento da sua autoestima. No entanto, assim como a mentira se divide entre a necessária e a perversa, com o autoengano não é diferente. Mas como fazer essa diferenciação entre o bom e o mau autoengano? E, já que ainda estamos na casa do mágico, vamos subir as escadas desse velho sobrado para darmos uma olhada nos aposentos do primeiro andar. Abrindo a primeira porta à nossa esquerda, certamente encontraremos a resposta que procuramos no...

QUARTO DAS ILUSÕES

Entrando no quarto das ilusões, preste atenção nos instrumentos de trabalho do mágico. Você vai ver que existem caixas com compartimentos secretos, serras que não cortam nem manteiga, espadas retráteis, jogos de espelhos que confundem sua percepção e muitos outros equipamentos que sempre o fizeram acreditar que a mágica era real. E a mágica só tem graça porque a gente não sabe onde está o segredo do truque. Você há de concordar comigo que quando o Mister M faz a mágica e conta a verdade logo depois, ela instantaneamente perde o encanto. Sendo assim, a mágica, quando é desconstruída, nos rouba a possibilidade de nos iludirmos.

O curioso é que sempre assistimos a um número de mágica sabendo que ninguém tem poderes sobrenaturais e, mesmo assim, permitimos que o mágico nos iluda. Fazendo um comparativo, como é que funciona a questão do autoengano na nossa cabeça? Como, mesmo conhecendo a verdade, eu posso ser o ilusionista e ao mesmo tempo o iludido? É possível mentir para si mesmo conhecendo a verdade?

Mentir para si próprio, no sentido exato da palavra, de fato é impossível. Porque para isso você precisaria ter duas consciências, das quais uma contaria a mentira e a outra ignoraria a verdade. E seu inconsciente também não seria capaz de fazer esse papel, já que ele é atemporal e não distingue fantasia de realidade. "Mas você escreveu que o autoengano é muito útil na construção ou no fortalecimento da autoestima, e agora está dizendo que mentir para si mesmo não é possível. Como assim?". Para, bebê! Se é impossível mentir para si mesmo, nada impede que você invente histórias que amenizam seu encontro com verdades que gostaria que fossem diferentes.

Um bom exemplo disso é a fábula da raposa e das uvas. Para que você entenda o que é um autoengano positivo, vou contar a história de outra forma: você será a raposa, e uma pessoa que você encontrou em uma festa vai fazer o papel das uvas.

Você chega a uma festa e, de repente, vê uma pessoa superinteressante que acende seu desejo. Você tenta trocar olhares, joga todo o seu charme, cerca essa pessoa como pode, investe e demonstra estar interessado, busca puxar papo, mas acaba solenemente ignorado. Então, você se cansa, desiste e pensa: "Nem sei por que estou perdendo meu tempo. Essa pessoa, além de não ser tão bonita, não tem nada a ver comigo. Eu mereço alguém muito melhor".

No fundo, você sabe que foi rejeitado. Mas, aí, seu mágico interno cria essa distorção para que sua autoimagem não fique tão abalada. O "truque" está concluído, você aplaude e segue a vida satisfeito. A mesma lógica serve para a tinta que você usa nos cabelos, para aquela cinta que faz você caber em algumas roupas e para as emoções que sente vendo um filme – mesmo tendo consciência de que são apenas atores encenando. Ou até mesmo para o fato de dizer "Eu te amarei para sempre", sabendo que não existe garantia de futuro.

Nosso mágico interno nos faz criar ilusões – os autoenganos –, mesmo reconhecendo que são apenas fantasias. Nesses exemplos que acabei de dar, os autoenganos são positivos porque melhoram o convívio com você mesmo, reforçam sua autoestima, protegem sua autoimagem e provocam boas sensações, tornando assim a vida bem mais leve.

Até aí, o autoengano parece algo tão bom que dá vontade até de aumentar a lista, não é mesmo? Mas é preciso ter atenção, pois o perigo existe a partir do momento em que você cria autoenganos negativos que, em vez de protegerem sua autoestima, agravam problemas e podem levá-lo a comportamentos que o destroem física e/ou psicologicamente. Para entendermos do que estou falando, vamos recuar um pouco no tempo. Em 2006, o presidente sul-africano, Jacob Zuma, disse ter mantido relações sexuais com uma mulher soropositiva e que não havia usado preservativo, pois tinha tomado um bom banho após a relação e isso era suficiente para protegê-lo do risco de um possível contágio pelo HIV. E, antes que você diga que ele é um ignorante, lembre-se de que estamos falando do presidente de um país e de uma doença que à época já era bastante conhecida, comentada e combatida em todo o planeta. A declaração causou tanta controvérsia que Zuma se viu obrigado a fazer testes de detecção do vírus e divulgar o resultado para o público. Isso por pelo menos quatro vezes, além de se engajar em campanhas de conscientização para as questões ligadas a prevenção e diagnóstico do HIV, e criar um programa de distribuição gratuita de preservativos.

Vindo para uma situação mais recente e ainda na mesma linha do autoengano negativo, temos o caso do influenciador digital ucraniano Dmitriy Stuzhuk, que vivia dizendo em suas redes sociais, para mais de um milhão de seguidores, que o coronavírus não existia. Depois de ser infectado pela doença, compartilhou o fato com seu público, mas disse que sentia que estava melhorando a cada dia. Ele faleceu aos 33 anos, em decorrência da covid-19.

É claro que o autoengano negativo não se limita a doenças. A mesma lógica pode ser aplicada a diferentes situações. É o caso das pessoas que vivem um relacionamento abusivo e acreditam que o amor que sentem vai transformar o outro. Ou quando quem você ama está sem emprego e faz disso uma desculpa para viver às suas custas – e você, por seu lado, busca acreditar que o problema está no mercado de trabalho, sem enxergar a preguiça do seu parceiro ou parceira. Outro exemplo é o daqueles que não aceitam os próprios erros ou defeitos e, quando recebem uma crítica, automaticamente dizem que ela não é justa, em vez de refletirem e melhorarem. A lista seria imensa, mas tenho certeza de que você já entendeu a diferença entre o autoengano positivo e o negativo.

Sabendo que, quando esse comportamento assume a forma negativa, ele, além de minar sua autoestima, pode aumentar seus problemas e até pôr em risco sua vida, é hora de aprender como combatê-lo, para continuar física e mentalmente saudável. Como fazer isso? Já que continuamos no quarto das ilusões, vamos até o armário onde o mágico guarda seus chapéus. Se xeretarmos como ele faz sua mágica mais famosa, teremos nossa resposta.

ENTENDENDO COMO O COELHO SAI DA CARTOLA

Quando pensamos em mágica, normalmente imaginamos um homem de *smoking* tirando um coelhinho branco da cartola. A questão é que a cartola estava vazia, então de onde saiu o coelho? Se você não sabe a resposta, é porque estava distraído olhando a cartola. Se estivesse observando o mágico, talvez tivesse visto o momento em que ele, disfarçadamente, pegou o coelho em uma sacola escondida atrás da mesa e fez parecer que ele tinha saído do chapéu. Com seus autoenganos negativos é a mesma coisa. Para identificá-los e combatê-los, é hora de parar de se distrair com as cartolas falsas que você apresenta para si mesmo e começar a perceber onde o coelho fica escondido. É hora de sair do papel de simples espectador. E o caminho para isso é o desenvolvimento de uma consciência interna plena.

Uma pessoa consciente do que se passa dentro dela desenvolve o respeito básico em relação a si mesma e aos outros, o que diminui a criação de autoenganos negativos. Ou seja, você vai parar de olhar para a cartola (o mundo externo) para observar o mágico (você mesmo). Sabendo mais a seu respeito, vai ter a liberdade de escolher seus autoenganos. Assim, tudo que for considerado destrutivo será descartado, enquanto o que contribuir para seu crescimento pessoal e para sua saúde física e mental será vivenciado. E isso acontece porque pessoas que conseguem desenvolver uma consciência de si mesmas mais madura possuem uma preocupação e uma dedicação mais honestas em relação a elas próprias e aos outros.

Além disso, uma pessoa que se percebe consegue processar dados mais objetivamente. Se o presidente sul-africano estivesse mais conectado ao seu mundo interior, em vez de ter se autoenganado para tentar justificar o ato de fazer sexo sem proteção, ele teria se perguntado: "Onde eu já escutei falar que um banho bem tomado impede a infecção pelo HIV?", "Meu pensamento se encaixa com as coisas que os cientistas têm falado a respeito dessa doença, ou eu estou me enganando porque não gosto de usar preservativos?". Da mesma forma, alguém que vive em um relacionamento abusivo, mas que desenvolveu a consciência de si mesmo, faria a seguinte reflexão: "Desde sempre eu amo essa pessoa e ela jamais me tratou bem. Eu realmente acredito que meu amor vai transformá-la, ou invento isso porque acho que vou sofrer se perdê-la?".

A mente de uma pessoa consciente do seu universo interno age de forma congruente com o corpo. Não come algo a que tem alergia dizendo que só um pedacinho não vai fazer mal. Não beija uma pessoa enganando-se que isso a fará esquecer outra. Não aparenta estar vivendo um sexo delicioso, enquanto a cabeça imagina como pagará as contas do mês. Uma pessoa fiel a si mesma tem uma autoestima suficientemente fortalecida a ponto de não se permitir autoenganos negativos que a violentem.

Para que uma consciência de si mesmo mais plena continue sendo fortalecida e você passe a fazer escolhas orientando seus comportamentos em uma direção saudável, comece a compreender que o mundo das emoções é sábio e que nossa experiência de vida e nosso corpo nos enviam sinais o tempo todo, alertando sobre os autoenganos que não devemos cometer. A gente é que teima em não escutar. Mas agora é hora de abandonarmos a rua dos julgamentos e a casa do mágico, para seguirmos nossa viagem. Afinal ainda há muitos lugares a serem conhecidos e entendidos no país da sua autoestima. Mal posso esperar para continuarmos!

capítulo 4

TERCEIRA PARADA: A CIDADE DOS PROJETOS FRACASSADOS

DO MESMO MODO QUE NENHUM MORADOR DA UCRÂNIA se anima a fazer turismo em Chernobyl, no país da sua autoestima também existem cidades que parecem não ser uma boa opção para se permanecer nelas por muito tempo, mas garanto que visitá-las é fundamental. Apesar do nome nada convidativo, é bem provável que alguns recantos da Cidade dos Projetos Fracassados lhe pareçam familiares. Isso porque, na vida, nunca temos só acertos e não é raro que a gente se encontre com o fracasso.

Tem gente que consegue passar por essa cidade que visitamos agora, amadurecer internamente e partir. Mas quem se perde por essa região acaba nunca terminando o que começa (ou muitas vezes nem conseguindo começar) e vai, aos poucos e sem se dar conta, acumulando uma sucessão de propósitos frustrados.

Esses tais projetos fracassados podem variar de coisas fáceis até as mais complicadas. Iniciar uma dieta, entrar na academia, respeitar seu jeito de ser, casar, separar, ter um filho, mudar de país para começar uma nova vida. Enfim, a lista é do tamanho da sua imaginação, mas o certo é que esse modo de funcionamento, em que seus sonhos, planos ou metas são abandonados pela metade ou nem chegam a ser tentados, quando repetido com frequência, fragiliza o país da sua autoestima e o faz se sentir o último da fila, já quase perdendo a vaga.

Mas calma, bebê! Se o trago para conhecer essa região do seu mundo interior, é justamente para que você aprenda a regular sua bússola interna. Então, de agora em diante, fique esperto para começar a desviar das rotas que podem trazê-lo de volta para esse lugar. Pronto para aprender os seis caminhos que você deve evitar para não passar com mais frequência que o necessário pela Cidade dos Projetos Fracassados? Então fique atento e vamos lá.

CAMINHO 1
Evite perseguir objetivos que não são seus

É bem fácil ser levado a seguir objetivos que sua família ou que a sociedade desenhou para você, mas isso é um ótimo caminho para quem deseja encontrar o fracasso e detonar a autoestima. "Ah! Mas minha família quer o melhor para mim. Qual o problema de ir pela cabeça deles?". De fato, é possível dar ouvidos para as sugestões que venham de pessoas que nos amam. Afinal, elas podem ser uma ótima contribuição, principalmente quando nos sentimos perdidos. Mas tenha em mente que seus objetivos só criam motivação verdadeira em você quando nascem da sua necessidade ou do seu desejo. Até porque realizar seus projetos sempre vai lhe custar algum tipo de esforço ou de renúncia e, se você não tiver tesão para executar o que projetou, ou vai abandonar tudo diante das primeiras dificuldades, ou fará mal feito, condenando-se ao fracasso. Por isso, mude a rota e, em vez de se perguntar o que a vida espera de você, comece a tentar saber o que você realmente quer fazer da vida.

CAMINHO 2
Evite subestimar o tempo

Cada objetivo que traçamos tem um tempo próprio, e subestimar ou desconsiderar esse fato é um caminho certo rumo à Cidade dos Projetos Fracassados. Certa vez, um jovem psicólogo me procurou, contando que estava muito frustrado e se sentindo fracassado por ainda não ter alcançado o êxito profissional que sonhava. Tanto que havia decidido desistir do consultório que dividia com uma amiga. O problema é que ele tinha apenas dois anos de formado. Convenhamos que, a menos que a pessoa consiga inventar algo tão genial quanto a roda, por mais competente que seja, é pouco provável que você alcance seus objetivos profissionais em tão pouco tempo. Porque nossos projetos, sejam quais forem, exigem preparo, experiência e maturidade. E esses elementos só chegam com o tempo.

Para compreender melhor o que digo, pense agora em Usain Bolt. Esse velocista jamaicano foi dez vezes campeão mundial em provas de velocidade e passou a ser considerado o homem mais rápido do mundo. Mas você é capaz de imaginar o que aconteceria se, no auge da sua forma física, colocássemos esse atleta multicampeão em provas de 100 e 200 metros rasos, para competir nos 42 quilômetros de uma maratona? Apesar de ser conhecido como o homem-relâmpago, ele poderia ser vencido por qualquer atleta mediano que tivesse investido o tempo necessário para se condicionar a correr longas distâncias. Então, se subestimar o tempo que seus projetos precisam para serem maturados até que possam finalmente acontecer, você entrará em rota de colisão com a Cidade dos Projetos Fracassados e terá sempre a impressão de que é incompetente e de que nunca consegue realizar seus objetivos.

CAMINHO 3
Evite criar projetos que não dependem primeiro de você

Por mais bem-intencionado que você seja, a vida tem milhares de variáveis que fogem ao seu controle e uma delas é o desejo do outro. Portanto, se estabelecer para si mesmo objetivos que, na base, não dependem de você, é fácil acabar acampando na Cidade dos Projetos Fracassados. Por exemplo, investir seu afeto, força e energia para fazer sua mãe diabética, que se recusa a entrar em uma dieta, parar de comer açúcar só por causa da sua preocupação com a saúde dela e porque isso é o certo a ser feito provavelmente vai gerar um conflito, e mesmo um sentimento de incapacidade de sua parte. Você até pode ter objetivos que ajudam quem você ama a melhorar ou progredir, mas lembre-se de que podemos fazer projetos em parceria com os outros, mas não pelos outros. Portanto, desenvolva um estado de espírito mais flexível e compreenda que não é possível forçar outra pessoa a aderir aos seus projetos. Tenha em mente que há questões que estão além da sua capacidade de fazer acontecer, simplesmente porque não dependem apenas da sua vontade ou da sua motivação. Concentrar muita energia e expectativa em projetos que não dependem majoritariamente de você, em vez de conseguir mudanças reais de vida, vai acabar prejudicando seu psicológico, e sua autoestima irá por água abaixo. Fique atento!

CAMINHO 4
Evite se esquecer de colocar seus projetos no papel

Pode parecer bobagem anotar seus projetos em um *planner*, em uma agenda ou em bilhetinhos adesivos espalhados pela casa, mas definitivamente minha experiência como psicólogo me mostra o contrário. Para que entenda bem, vamos pegar como exemplo o local onde você mora. Antes de ele ser materializado no tijolo e no cimento, ele com certeza precisou existir desenhado em um papel. Sua casa não saiu diretamente da cabeça de quem a projetou e materializou-se no canteiro de obras, não é? Então, a mesma coisa vale para seus objetivos. Materializar os projetos, tirá-los da cabeça e transformá-los em símbolos escritos tem um poder psicológico enorme.

Comprovando isso que lhe digo, saiba que em 2017 a Universidade Dominicana da Califórnia realizou um estudo com quase 300 homens e mulheres de todo o mundo, com diferentes ocupações. Empresários, educadores, profissionais da saúde, artistas, advogados e banqueiros. Esses participantes foram divididos em dois grupos. Em um deles, os voluntários eram incentivados a escreverem seus projetos no papel, enquanto os do outro grupo recebiam estímulo para que apenas pensassem a respeito das coisas que planejavam para si. Os pesquisadores descobriram que 42% das pessoas que fizeram anotações escritas apresentaram mais chances de realizar o que haviam projetado. Eles chegaram à conclusão que o ato de escrever e detalhar o que se quer realizar exige que se tenha um nível de clareza mais alto da situação planejada, porque faz com que a parte do cérebro responsável pela imaginação se comunique com o centro lógico. É como se você dissesse ao seu corpo: "Escute, estou falando sério. Vamos traçar uma logística, porque é isso que eu quero e é a esse ponto que vou chegar".

Então, anote cada um dos seus projetos de forma detalhada e coloque uma data para a realização. E não se preocupe com essa data, até porque ela pode mudar no meio do caminho, mas não deixe de fazer esse registro. Entenda, também, que, quando observa seus objetivos por escrito, você tem condições de ajustá-los ou corrigi-los tornando-os mais realistas. Por exemplo, ao lê-los depois de algum tempo, você pode concluir que determinado projeto precisa de um prazo maior para ser finalizado. Ou perceber que estabeleceu metas muito simples e que tem capacidade para fazer bem mais do que havia imaginado. Em outras palavras, ao ver seu pensamento fora de você mesmo, sua mente consegue otimizar as coisas e isso o afasta da possibilidade de permanecer na Cidade dos Projetos Fracassados.

CAMINHO 5
Evite a falta de planejamento na hora de realizar projetos

Vamos imaginar que você tem muita facilidade com as palavras, sua imaginação é bem fértil e, por isso, seu projeto de vida é escrever um livro. Parece simples. Afinal, você quer escrever e tem as ferramentas para fazê-lo, então esse projeto será moleza, certo? Errado! Por mais criativo e fluente na escrita que você seja, esse livro só acontecerá se você planejar as ações necessárias para que esse projeto aconteça. Que tipo de assunto você quer abordar? Qual tipo de público quer atingir? O que precisa começar a fazer hoje para conseguir escrevê-lo? E, sobretudo, o que o motiva a querer produzir essa obra? Por isso, planeje de maneira clara e sistemática, pois definir o passo a passo é fundamental. Não apenas para que você saiba o que fazer, mas para que seu projeto tenha uma lógica, evitando fracassos ou desistências desnecessárias pelo caminho.

CAMINHO 6
Evite confundir a consequência com o projeto

Vivemos na era digital e ser famoso na internet virou quase uma obsessão para alguns. Entretanto, se você perguntar seriamente a uma pessoa o motivo pelo qual ela quer ser famosa, obterá respostas vagas, do tipo: "Eu seria mais feliz", "Eu ganharia muito dinheiro", "Eu viajaria bastante", "Eu teria muito prestígio", "Eu seria mais amado...". Perceba que são argumentos muito difusos, que mostram que a pessoa não sabe a verdadeira resposta. Nem teria como saber. Afinal, fama não é um projeto e sim uma consequência. Seus objetivos precisam ser claros, focados e concretos. Continuando no exemplo de ter fama, ela vai vir quando você compartilhar com o mundo suas paixões ou talentos, na forma de algum produto ou conteúdo necessário para as pessoas. Ou seja, no caso da fama como consequência, o projeto real que você precisaria ter determinado era ser socialmente útil e eficiente em alguma área.

Portanto, a menos que você queira morar na Cidade dos Projetos Fracassados, aprenda a determinar seus objetivos com clareza e a trabalhar por eles. Porque, assim como no exemplo da fama, quem passa a vida querendo tocar bem piano (objetivo real: ter disciplina para estudar) ou encontrar um grande amor (objetivo real: desenvolver competências sociais, emocionais e de relacionamento mais eficientes) está perseguindo as consequências ou sonhando com elas, em vez de trabalhar pelos verdadeiros objetivos.

Pergunte-se: você tem certeza de que está determinando seus objetivos e projetos corretamente ou vive sonhando com as resultados que gostaria de alcançar? Com base em questionamentos simples como este, você vai poder identificar o que o está fazendo enterrar sua autoestima na Cidade dos Projetos Fracassados.

• • •

Como às vezes nossa bússola interna falha, é certo que em algum momento você vai tomar um desses seis caminhos e pode se sentir temporariamente perdido onde estamos agora, na Cidade dos Projetos Fracassados. Caso isso aconteça, calma, bebê! Se percorri com você os caminhos a serem evitados para não se chegar até aqui, vamos conseguir descobrir, juntos, a rota de saída. Então, vamos caminhar um pouco, porque, se bem me lembro, logo mais adiante tem uma placa indicando o caminho a ser seguido para darmos o fora deste lugar o mais rápido possível.

Opa! Parece que me enganei. Na verdade, há duas placas com dois caminhos possíveis. Qual deles você acha que devemos seguir? E nem adianta fazer essa cara de perdido, tipo cachorro que caiu do caminhão de mudança. Mesmo estando de guia no país da sua autoestima, não me cabe decidir a direção que você vai tomar. Até posso ajudá-lo descrevendo situações e lugares, como fiz nos caminhos a serem evitados, mas, como estamos falando de você e da sua subjetividade, tenha sempre em mente que é preciso que as escolhas lhe pertençam. Mas não se assuste. Na vida, sempre podemos mudar de ideia ou voltar atrás. Observe as placas e pense um pouco. E então? Por onde iremos? Ouvi você dizer: pelo caminho da justiça? Tudo certo, então. Vamos juntos descobrir aonde isso vai dar.

Aristóteles dizia que a base da sociedade é a justiça. E é exatamente isso o que buscamos em todas as situações que vivemos, que elas sejam justas. Por isso é tão comum dizermos que a justiça tarda, mas não falha, ou pronunciarmos a célebre frase: aqui se faz, aqui se paga. Por outro lado, a sociedade também nos ensina que, ainda que o outro falhe ou fracasse conosco, devemos nos esforçar para perdoar.

O caso é que temos um encontro de opostos nesses dois ensinamentos sociais. Afinal, por mais que eu diga que o perdão é benéfico para quem perdoa, ou que o ressentimento é um veneno que se bebe esperando que o outro morra, a verdade é que temos condicionado em nossa mente (de forma inconsciente ou não) a ideia de que algum tipo de justiça precisa ser feito para que consigamos perdoar quem falhou conosco. Ou seja, esperamos que a pessoa que fracassou seja penalizada com algo semelhante ao que fez e sinta o mesmo sofrimento que causou, para só então conseguirmos perdoá-la. Na mente humana, justiça e perdão rimam com a antiga lei de talião. Aquela do olho por olho, dente por dente.

Por isso, muitas pessoas que buscam perdoar o outro precisam antes sentir o gostinho da vingança. Pode parecer uma contradição, mas, para muitos, devolver na mesma moeda de alguma forma cria a ilusão de que o dano causado está sendo reparado ou, no mínimo, compensado.

Dê só uma olhada neste e-mail que eu recebi de uma seguidora do Nós da Questão.

Sou casada há seis anos, e faz algum tempo que desconfiava que meu marido me traía. Mas, como não tinha evidências, ele sempre negou e me fazia passar por louca diante de pessoas da igreja, do trabalho dele e da minha família. Até que uma conhecida me mandou mensagens que havia encontrado no WhatsApp da filha dela. Conversas que provam que os dois estavam tendo um caso. O senhor não imagina a dor que senti. Tive muita vontade de matá-lo, de tanto ódio que tive, e acabei mandando-o embora.

> Ele saiu de casa há um mês, mas me procura quase todo dia. Chora arrependido, diz que me ama, reconhece que fracassou como marido porque não resistiu às tentações da carne, mas fala que sou a mulher da vida dele e pede meu perdão. Sendo honesta com o senhor, eu ainda o amo e sinto que gostaria que ele voltasse. Minha questão é que, apesar do meu amor, não consigo perdoá-lo. Ao mesmo tempo que quero muito que ele volte, passa pela minha cabeça dormir com um colega dele de trabalho, que sempre olhou diferente para mim, só para meu marido experimentar a dor que senti. Minha pergunta é: o que devo fazer para me livrar de uma vez por todas desses pensamentos errados, perdoar meu marido e refazer minha família? Ajude-me, por favor.

Segundo o dito popular, a vingança é um prato que se come frio e pelo visto essa moça que me escreveu está com muita fome. Entretanto, embora possa parecer o contrário, não há maldade no e-mail dessa mulher traída. O que existe é o desejo de restabelecer, nela mesma, a sensação de justiça para que assim ela consiga abrir o coração e perdoar o homem que ama. O problema, nesse caso, é que se ela consumar a vingança talvez até consiga se livrar do peso do ódio, mas trará um mal maior ainda. Porque, no final, só sobrarão feridos dos dois lados e restos de um casamento que já está bastante danificado.

Mas o que isso tudo tem a ver com o caminho para sairmos da Cidade dos Projetos Fracassados? Observe, leitor, que se você seguir pelo caminho do justiceiro vingativo ao ser ferido pelos fracassos alheios, quando você mesmo fracassar vai acabar se punindo da mesma forma (ou de maneira ainda pior), até se sentir internamente perdoado. Sim, bebê, seu sentimento de vingança pode se voltar contra você mesmo! É a chamada autovingança. E você faz isso ativando seu perseguidor interno que cria culpa e remorso. Esses dois sentimentos são excelentes formas de autovingança, que, além de o castigarem, destroem sua autoestima e o fazem se odiar pelo erro ou deslize que cometeu. Então, pare e se pergunte: quando você se depara com seus fracassos, remói a situação interminavelmente e acaba se maltratando com culpa e remorso, até não poder mais?

Se a resposta é sim, então você de fato está tentando sair da cidade dos projetos fracassados, pelo caminho da justiça. Mas acho que já deu para você compreender que, ao escolher essa rota, você cairá no redemoinho dos amargurados e ficará girando em círculos, maltratando a si mesmo e aos outros, sem abandonar o passado e sem se abrir para o futuro. Melhor voltarmos para vermos o que acontece se seguirmos pelo caminho indicado pela outra placa.

Alguém já deve ter soprado no seu ouvido ou você deve ter visto em algum lugar expressões como "amores líquidos", "relações líquidas", ou "sociedade líquida". É uma ideia até recente! No final dos anos 1990, o sociólogo Zygmunt Bauman apresentou ao mundo o conceito de modernidade líquida. De forma resumida, a ideia dele é a de que, graças à velocidade trazida pela modernidade e pelas tecnologias, vivemos numa época em que tudo, inclusive as pessoas, é facilmente descartado. Se alguém o desagrada, você simplesmente o bloqueia em todas as suas redes sociais e o tira da sua vida com a tranquilidade de quem se desfaz de uma roupa que não serve mais. É como se as relações sociais tivessem perdido a solidez e escorressem pelos dedos como um líquido.

A partir do momento em que você começa a ver as pessoas como descartáveis, a tendência é de que se torne uma pessoa cada vez mais intolerante com as diferenças e menos capaz de aceitar as frustrações. Portanto, fica difícil aceitar quando o outro falha, fracassa ou simplesmente não atende às suas expectativas. O resultado disso é que você passa a viver descontente não só com aqueles que o rodeiam, mas, pior ainda, com você mesmo. Isso porque os valores trazidos por essa modernidade líquida fazem com que você desaprenda a interagir de forma mais empática com os outros e consigo mesmo, até esquecer o fato de que nós, humanos, somos incompletos e imperfeitos.

Em vez do caminho da justiça (e você já viu que ele leva para o desejo de castigar ao outro e a si mesmo como forma de reparar fracassos ou erros cometidos), escolher o caminho das imperfeições é seguir a rota que vai libertá-lo da Cidade dos Projetos Fracassados, porque você vai se dar conta de que os fracassos (sejam eles seus ou dos outros) não precisam ser apagados, lamentados ou vingados. Eles precisam apenas ser percebidos como um convite que a vida lhe faz para seu crescimento pessoal.

É bem certo, leitor, que você não vai se lembrar da quantidade de vezes que caiu até deixar de engatinhar e aprender a andar do jeito correto. E, quando cresceu, também colecionou uma série de tombos emocionais até se sentir firme e confiante, para viver relações mais intensas e mais verdadeiras. Esses dois exemplos mostram que ninguém avança na vida sem fracassos, porque no final das contas as imperfeições nos aperfeiçoam. Quando você entender dessa forma, não precisará mais da vingança ou da autovingança para restabelecer, em si mesmo, a sensação de justiça e se liberar para o perdão.

Mas para que a gente consiga continuar pelo caminho das imperfeições, preste atenção nesse quadro abaixo, e vamos virar a chave para que você aprenda a equacionar o perdão de outra forma.

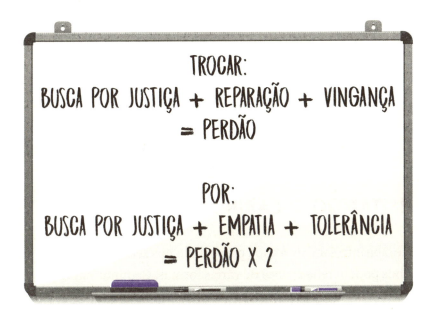

Repare bem nas diferenças entre a primeira e a segunda equação. Você vai perceber que o perdão se multiplica por dois quando você ganha a possibilidade de acessar um elemento fundamental para que sua autoestima possa existir e de uma forma bem mais forte, que é o autoperdão. Aprender a praticá-lo é muito importante, porque, como vimos, quando você tem dificuldade em perdoar os fracassos dos outros, igualmente você não acessa o autoperdão e deixa de evoluir na busca pela melhor versão de si mesmo. A falta de empatia e de tolerância com os erros humanos, de modo geral, é sempre algo psicologicamente paralisante e aprisionador.

Mas, já que a ideia do olho por olho, dente por dente é muito forte na nossa sociedade e provavelmente também dentro de você, que tal tentarmos repensar esses sentimentos de forma mais prática? No caminho das imperfeições, tem um lugar especial e misterioso ali adiante, uma espécie de labirinto que quero que você conheça. Vamos lá. Garanto que será uma experiência interessante.

VISITANDO O LABIRINTO DOS ESPELHOS

Esse labirinto é único. A cada passo dado nos seus corredores, os espelhos podem refletir você de várias formas. Caminhe então por ele e perceba as distorções que cada um dos espelhos é capaz de exibir. Você pode ser uma pessoa mais alta, mais baixa, mais gorda, mais magra... note quantas possibilidades de formas diferentes de você mesmo podem ser visualizadas. Esses espelhos exibem uma imagem diferente de você, embora você seja sempre o mesmo. Isso vem nos lembrar que a realidade é sempre relativa se partirmos do ponto de quem a observa, e, por mais que deseje, você não consegue ter controle sobre isso. Os outros simplesmente veem você com base nos repertórios e vivências individuais que cada um possui. E com você não é diferente: a forma como pensa ou avalia os outros reflete muito de você mesmo. Guarde essa informação e vamos adiante.

Continuando nossa caminhada pelo labirinto, entre por esse corredor mais iluminado. Nesse trecho, embora eu continue ao seu lado, a experiência será só sua. Os espelhos dessa parte do labirinto são mais brilhantes e nítidos, pois refletem para além da sua imagem. Em cada parede, você consegue ver cenas dos momentos em que se sentiu injustiçado, enganado, magoado, traído, decepcionado. Olhe atentamente o rosto de cada pessoa que fracassou com você de algum modo, desde sua infância. Observe cada cena da sua história e o que você sentiu, que pensamentos lhe vieram na ocasião e tome consciência de quanto você desejou, ou não, que alguma justiça fosse feita com cada pessoa que fracassou com você.

Agora, olhe para o outro lado. Para cada cena a que você assiste em que foi vítima dos fracassos e falhas alheias, o espelho na parede oposta reflete o contrário: os momentos da sua história em que você foi o vilão que falhou com o outro. Concentre-se nas imagens. O que percebe, sente, relembra ao se ver errando com as pessoas ou deixando de cumprir promessas feitas?

Venha agora comigo para a saída do labirinto, mas permaneça pensando nos pontos que lhe chamaram a atenção quando a vítima era você.

Eu o convido a responder às questões a seguir. Mas é importante que suas respostas sejam honestas.

Assim como as cenas apareciam refletidas no labirinto, neste exercício as perguntas aparecem espelhadas. De um lado responda sobre você no papel de quem fracassou e do outro sobre as pessoas que falharam com você, a quem chamaremos de "o outro". As regras para responder a esse exercício são simples:

1. Evite respostas fechadas como "nem imagino" ou "não sei" e tente sempre explicar os sentimentos das duas partes, pondo-se imaginariamente no lugar do outro.
2. Evite dois pesos e duas medidas, e use honestidade, severidade ou brandura na mesma medida para ambos os lados.
3. Ao responder, tenha em mente a informação que lhe pedi que guardasse quando estávamos nas primeiras salas do labirinto: a forma como você pensa ou avalia os outros reflete muito de você mesmo.

Qual foi a situação mais marcante em que você fracassou com outra pessoa?	Qual foi a situação mais marcante em que o outro fracassou com você?

O que você precisaria fazer para merecer o perdão pelas vezes que falhou com o outro?	O que o outro precisaria fazer para merecer o perdão pelas vezes que falhou com você?

Qual foi sua intenção quando errou com o outro?	Qual você imagina que foi a intenção do outro quando errou com você?

O que acha que poderia acontecer com você se passasse por um abandono?	O que acha que poderia acontecer com o outro se ele passasse por um abandono?

O que sentiria se passasse por uma humilhação?	O que acha que o outro sentiria se passasse por uma humilhação?

O que acha que levaria alguém a rejeitá-lo?	O que levaria alguém a rejeitar o outro?

Quais são seus medos quando pensa na possibilidade de ser traído?	Como acredita que o outro se sentiria se passasse por uma traição?

O que sentiria se fosse injustiçado?	O que o outro poderia sentir se alguém o tivesse injustiçado?

Pense sobre cada uma das suas respostas. Não tenha pressa. Essa reflexão deve ser feita aos poucos, talvez uma resposta por vez, e pode durar dias. Mas o importante aqui é perceber que tanto você quanto o outro são feitos da mesma matéria. Por mais que você tenha ressentimentos em relação a alguém que o maltratou de alguma forma, ambos compartilham das mesmas feridas emocionais, são carentes, imperfeitos e humanos. Portanto, a ideia de só conseguir perdoar o outro se ele antes pagar o que lhe foi feito com a moeda da vingança acaba não parecendo algo tão justo assim, não é? Os defeitos e o caráter de vocês podem até estar bem distantes, mas isso se deve à história e à trajetória de vida de cada um e não à essência humana em si mesma. Portanto, por mais que a sua raiva ou mágoa queira convencê-lo do contrário, você não é tão melhor nem tão diferente do outro quanto pensa, percebe?

Se você conseguiu guardar para si a ideia de que o caminho das imperfeições é o fio que nos liga na qualidade de irmãos de humanidade, certamente também já entendeu que, depois que se entra na Cidade dos Projetos Fracassados, o segredo para se sair dela é aprender com as próprias frustrações e ressignificá-las, sem ficar preso a uma briga interminável com os outros e com seu passado. Para isso, você precisa usar as quatro chaves que abrem os portões do autoperdão. É ao passar por esses portões, situados no final do caminho das imperfeições, que você encontrará a saída da Cidade dos Projetos Fracassados.

1ª CHAVE
Aceite que o que passou passou

Não importa o que você faça, quanto você se lamente ou se castigue, o que quer que tenha feito e que tenha resultado em um fracasso pessoal está no passado e nada vai mudar essa realidade. Portanto, aceite isso como um fato e não caia na armadilha do "se". "Ah, se eu tivesse feito...", "Se eu tivesse refletido um pouco mais", "Se eu tivesse consultado alguém...". O "se" na nossa vida não existe. Até porque você só sabe o resultado da escolha que fez pelo fato de ela já ter sido manifestada. Caso contrário, a mesma lógica do "se" poderia ser aplicada a qualquer um dos lados que você escolhesse, já que não conheceria o resultado. E aceitar não significa gostar do resultado obtido, mas sim virar a página e se autorizar a recomeçar, a fazer diferente baseado no que você aprendeu com essa experiência. Lembre-se de que culpa ou remorso são sentimentos que pertencem ao caminho da justiça. Seguindo pela rota das imperfeições, tudo que for vivido servirá de aprendizado e não de condenação.

2ª CHAVE
Entenda que você é humano

Só máquinas dão resultados precisos e, se programadas corretamente, nunca erram. E estou bem longe de pregar o conformismo, pois sei que sempre podemos melhorar e fazer um pouco mais. Mas, mesmo sabendo que é possível melhorar sua produtividade e minimizar seu número de erros, considere dois aspectos: a) você é um ser humano, e b) as máquinas não erram e produzem à exaustão porque não possuem sentimentos nem conflitos. Portanto, cobrar-se e não se perdoar por não atingir desempenhos cibernéticos é uma completa perda de energia e que só bloqueia sua capacidade de se autoperdoar e sabota sua autoestima. Todos nós somos seres emocionais, e errar, como já vimos, faz parte do convite ao nosso crescimento e aprimoramento pessoal. Além do mais, seja qual for a escolha que você tenha feito que resultou em um fracasso, em última análise você estava buscando o melhor para si mesmo. Ninguém levanta da cama e diz: "Hoje vou fazer tudo para ser infeliz". Até mesmo quem atenta contra a própria vida, embora seguramente esteja doente e precise de tratamento, ao cometer esse erro não busca se destruir pelo prazer de fazê-lo, mas pelo desejo de eliminar uma dor, barrar um sofrimento que se tornou insuportável. Nesse caso, de forma equivocada, certamente, mas como seres vivos, buscamos sempre o melhor, mesmo que por caminhos tortos. E só vemos quão tortos eles eram depois de serem percorridos. Portanto, aceite sua humanidade e perdoe-se por não ter o desempenho de uma máquina.

3ª CHAVE
Não julgue o passado com os olhos do presente

É impossível que você avance na vida sem repensar seu passado. Na verdade, à medida que você revisita o que viveu, sua história presente vai ganhando contornos e sendo escrita. O problema é que muitas pessoas avaliam o próprio passado com os olhos de quem são hoje. Isso, além de detonar a autoestima, é uma forma de funcionamento bem injusta. A pessoa que você era no seu passado não corresponde a quem você é hoje. Por isso, é muito fácil se julgar dizendo coisas do tipo: "Eu nunca deveria ter feito aquilo", "Aceitar tal coisa foi uma burrice", "Como pude me submeter por tanto tempo a tal situação...". Nada do que passou foi vivido por quem você é, mas sim por quem você era. E, se você consegue achar erradas, tolas ou absurdas as escolhas e atitudes que teve, é simplesmente porque agora ganhou distância e está em outro lugar social e psicológico. Na hora de julgar seu passado, faça isso com os olhos que você tinha naquela época e colocando a situação no contexto que estava vivendo naquele período. É muito fácil dizer que não deveria ter gastado tanto tempo da vida trabalhando, quando se tem dinheiro sobrando no banco, concorda? Seja generoso consigo mesmo e observe seu passado tendo em mente que a vida é sempre movimento e transformação. Além disso, quando olhar para seus erros e fracassos, considere que naquele momento da sua história você fez o que poderia ter feito, dentro dos seus limites da época. Se não fez diferente, foi porque não podia, não conseguia ou não sabia fazer. Ter essa clareza é fundamental para que você consiga se dar o autoperdão e aceite que sua versão atual melhorada nasceu dos equívocos do passado. Portanto, seja grato por todas as falhas que já cometeu, ou que cometeram com você, pois elas fizeram de você alguém renovado, mais experiente. E, sobretudo, compreenda que se o tempo não lhe dá a chance de voltar atrás, ele lhe concede a oportunidade de fazer tudo diferente, perdoando-se e andando para a frente.

4ª CHAVE
Atribua a dimensão certa a cada situação

Tente analisar de forma mais objetiva e com menos emoção seus tropeços ou fracassos. Isso evita um erro muito comum que acontece principalmente nas pessoas com baixa autoestima: o de atribuir uma dimensão fora da realidade ao que aconteceu. Quando você está machucado por suas falhas, existe uma tendência de sempre ver as coisas maiores do que elas realmente são, já que os fatos estão realçados com as tintas dos seus afetos. Mas é possível mudar esse panorama ao pensar que ter fracassado, seja lá no que for, é apenas um recorte da sua história e, portanto, é muito menor que toda a sua vida, passada e futura. Quando as coisas não saírem como você planejou, tenha em mente que você não é o projeto fracassado. Essa situação negativa é apenas o recorte de um momento da sua existência e você é bem mais que seus fracassos.

• • •

Pronto! Abrimos os portões do autoperdão. Tenho certeza de que você aprendeu que tanto os projetos fracassados quanto os vitoriosos são apenas momentos a serem experimentados, e que a vida é muito maior que uma escolha positiva ou negativa que você fez.

Está se sentindo mais livre, mais leve? Então, você está pronto para deixar a Cidade dos Projetos Fracassados. Vamos seguir viagem, pois a próxima parada é uma atração imperdível!

capítulo 5

QUARTA PARADA: A ILHA DAS FANTASIAS

IMAGINE UM OCEANO PARADISÍACO COM UMA ILHA onde as mais diferentes fantasias podem ser realizadas. Se sua fantasia é encontrar uma paixão, rever um velho amigo de infância, achar o emprego dos sonhos ou até mesmo ganhar dinheiro sem sair de casa, saiba que tudo isso, e muito mais, é possível ao se visitar essa ilha mágica. Porém, como nem tudo na vida são flores, após essa visita sua autoestima pode sair enriquecida ou bem mais pobre.

Como uma ilha pode ter tantos prazeres, tantos sonhos e ao mesmo tempo ser perigosa para sua autoestima? É isso que você vai começar a entender quando se der conta de que o oceano aqui se chama internet, e a Ilha das Fantasias é também conhecida como redes sociais. Ah, agora tudo fez sentido e você se sente como se estivesse em casa, não é? Mas vamos circular um pouco, e eu vou lhe contando as peculiaridades desse lugar tão cheio de gente, de sonhos e de expectativas.

Logo nas primeiras páginas deste livro, lá estava eu, com o celular na mão, vendo as fotos das viagens que fiz, algumas das quais compartilhei nas minhas redes sociais, e lendo o e-mail de uma seguidora do meu canal Nós da Questão. De tão comum que a internet se tornou no nosso dia a dia, talvez você nem tenha se dado conta de que essa ilha que o trago para visitar agora já estava presente desde o início da sua leitura. Como a TV, o rádio e o cinema, as redes sociais são uma espécie de palco virtual no qual entregamos partes de nossas vidas e do nosso tempo a seguidores, dos mais íntimos aos completamente desconhecidos. Por estarem na palma da nossa mão graças aos aplicativos em nossos telefones, torna-se bastante fácil ficarmos viciados nelas. E se você chegou até aqui, e está gostando da leitura, existe uma boa chance de que já tenha tido vontade de postar alguma coisa sobre este livro nas suas redes. É normal, afinal você quer compartilhar as coisas boas que aprende ou vive, não é? E é com base nesse ponto que quero refletir com você.

Eu vi que, assim que chegou à Ilha das Fantasias, você logo tratou de passar um filtro – e não era só para se proteger do sol! Era um filtro criado para esconder seus defeitos. Não se preocupe, quase todos que entram nessa ilha fazem a mesma coisa. E isso acontece porque você quer que tudo pareça perfeito – afinal, é deliciosa a gratificação instantânea que você recebe logo depois de postar alguma coisa em suas redes digitais, por meio de comentários e curtidas recebidas, não é? Isso são os chamados reforços positivos que o fazem se sentir incluído em um determinado grupo ou mesmo na sociedade. E a gente já conversou, durante paradas anteriores dessa nossa viagem, a respeito dessa busca humana por pertencer a um grupo e o impacto disso sobre a autoestima, lembra?

E, por falar em grupo, embora existam diferentes formas de se expor nas redes sociais, as pessoas estão longe de ser totalmente aleatórias em suas postagens. Segundo a "Sociogeek", uma pesquisa sociológica francesa sobre o comportamento das pessoas *on-line*, os que visitam a Ilha das Fantasias têm suas formas de exposição agrupadas em cinco modalidades: autoexposição modesta, autoexposição tradicional, falta de modéstia corporal, exibicionismo lúdico e provocação *trash*. Até consigo imaginar que você tenha se lembrado de pelo menos uma pessoa que se expõe em cada uma dessas categorias! São esses formatos que, por sua vez, levam a comportamentos relacionais específicos na internet.

Como já dissemos, essas expressões públicas da vida privada criam a oportunidade de interagir com "espectadores" que, se por um lado geram *likes* ou corações, por outro criam riscos que nem sempre são avaliados e que raramente podem ser controlados. Dizendo de outra forma, o mesmo *feedback* delicioso pode ser transformado em um soco na autoestima se a postagem não agradar. Os comentários e curtidas que o deixam radiante também podem deixar você para baixo e até pior do que estava antes da publicação.

É crucial perceber como essa montanha-russa de sensações pode aumentar ou rebaixar a imagem que você tem de si mesmo. E, aí, é preciso cuidado e atenção, porque você está tomando o gosto e os comentários dos outros como sinais que o validam ou o cancelam. Quando isso acontece, você está permitindo que o valor das opiniões dos outros se sobreponha à sua percepção de si mesmo. Ou, pior, que determine a forma como você se enxerga. E isso, é claro, tem tudo a ver com sua autoestima.

Mas sigamos nosso passeio e continuemos observando. A Ilha das Fantasias está cheia de pessoas que brilham em suas redes sociais "perfeitas". Repare como estão felizes, muitas parecem até que se encontram constantemente de férias, participando de eventos legais, experimentando pratos deliciosos, mostrando seus amores, compartilhando seus *hobbies*, suas paixões, e tendo experiências incríveis. Tem até gente pulando de paraquedas, olha só!

E, aí, você observa tudo isso, todo esse mundo festivo, e se dá conta de que a vida dos outros parece bem melhor que a sua, o que o deixa deprimido. Ou talvez você já tenha outro tipo de pensamento sobre esse assunto e concorde com quem diz que a grama do vizinho parece sempre mais verde, até você descobrir que é artificial. Que a vida de ninguém é perfeita, que as redes sociais são uma grande enganação e que na internet todo mundo mente de modo descarado em uma espiral exibicionista. Para, bebê! O comportamento humano nas redes sociais não pode ser avaliado de uma forma tão clichê assim, nem para o bem nem para o mal.

Embora tudo que acabei de lhe dizer neste último parágrafo seja bastante discutido, eu realmente acredito que é preciso se repensar a forma de entender e até mesmo de criticar o mundo virtual. Você vai ter a oportunidade de frequentar a Ilha das Fantasias com muito mais segurança quando conseguir desconstruir essas ideias que criam mitos em torno das redes sociais. Quando compreender como a cabeça dos outros – e a sua própria – funciona no universo virtual, você vai ser capaz de interagir nessa ilha onde a competição e a comparação são onipresentes, sem se perder de si mesmo.

E isso vai deixá-lo livre para viver a virtualidade, protegendo-se do que ela traz de tóxico, mas igualmente aproveitando tudo que ela tem de bom. Afinal, a vida também foi feita para a gente fantasiar. E receber aplausos – ou ganhar *likes* – não é pecado e todo mundo gosta. Vamos repensar juntos os dois principais mitos que estão colados à Ilha das Fantasias?

1. Mito da realidade falsa

"A vida das pessoas nas redes sociais é só um jogo onde cada um esconde as próprias desgraças." "Quero ver alguém mostrar o banheiro sujo ou o filho catarrento." "Quem olha fotos na internet até pensa que existe a vida perfeita." Tenho certeza de que você já ouviu essas e outras frases, que, a propósito, acho bem lugar-comum. Tudo bem se você disser que concorda com essas afirmações, mas me responda uma coisa: por que alguém deveria mostrar desgraças, sujeira ou coisas desagradáveis em suas redes sociais? Então... se isso não faria sentido algum, por que motivo se fala tão mal a esse respeito?

Alguns estudiosos insistem na ideia de que esse tipo de "mentira virtual" ou "mundo perfeito" cria um patamar comparativo e uma falsa realidade, que pode rebaixar a autoestima dos outros. E existem, de fato, estudos que parecem associar casos de depressão aos efeitos que as redes sociais provocariam em algumas pessoas, justamente por essa comparação constante do que veem com a própria vida. Ou seja, as pessoas passam a querer ter – ou aparentar ter – uma vida que na prática é impossível e, por isso, acabam adoecendo individual e coletivamente. Mas, ao afirmarmos isso, caímos numa cilada mental. Porque se você for às ruas e perguntar a qualquer pessoa se a vida que os outros mostram na internet corresponde à realidade, a resposta da maioria vai ser uma chuva de sonoros nãos. Então, se quase ninguém acredita nessa tal vida virtual perfeita, onde estaria o problema? Eu explico: é que essas postagens são ao mesmo tempo falsas e verdadeiras.

Se deu um nó na sua cabeça agora, eu vou lhe fornecer alguns exemplos para você entender melhor:

> *Você observa no* feed *de uma celebridade as belas fotos de uma festa de casamento. Em uma, vê todo o luxo e glamour da decoração. Na outra, os convidados, todos sorrindo em roupas impecáveis. E, em outra, o casal de pombinhos apaixonados, fazendo um coração com a mão...*

Mas você sabe, pelos *sites* de fofoca, que o casamento dos dois não vai nada bem, que eles nem são mais tão apaixonados quanto parecem e ainda por cima já ouviu uma conversa de que um dos dois andou pulando a cerca.

> *Em outra rede social, você vê um dos seus contatos sempre bem-vestido. Não há uma foto sequer em que ele não esteja de cabelos penteados, roupa bem ajustada ao corpo e cores cuidadosamente combinadas. As postagens se alternam com imagens de pratos bastante apetitosos, daqueles que dão água na boca só de olhar.*

Entretanto, você o conhece muito bem e sabe que no guarda-roupa dele tem até cueca furada e shorts com elástico frouxo que ele usa quando está em casa. E que, durante a semana, vocês frequentam, na hora do almoço, o mesmo restaurante *self-service* onde ele adora "bater um prato" de arroz, feijão e ovo frito.

Observando esses dois exemplos, fica fácil entender por que as pessoas têm essa impressão de que tudo que foi postado é falso. Afinal, essas postagens não retratam necessariamente o que acontece na rotina daquelas pessoas. Mas também não dá para negar que é verdadeiro, quando consideramos que o que foi mostrado de fato aconteceu. Ou seja, mais que uma mentira, o que vemos na internet são *recortes da realidade de cada pessoa.*

Houve a festa de casamento sim, foi um sonho realizado, e naquele momento os dois eram um casal apaixonado. Mas nada impede que, com o passar dos dias, a convivência tenha azedado e hoje eles vivam uma relação de fachada. Do mesmo modo, é possível que alguém use roupas bacanas e faça belas fotos, mas também vista peças velhas e mais confortáveis dentro de casa. Ou que no dia a dia coma em lugares mais baratos, mas quando possível se presenteie com uma comida mais bacana em um bom restaurante. Perceba que uma verdade não anula a outra, elas apenas se justapõem.

Na hora de julgar as redes sociais, suas ou dos outros, para se proteger psicologicamente, em vez de pensar "isso é falso" ou "isso é verdadeiro", tenha em mente que aquilo que você vê ou posta é só o recorte de um momento. Isso com certeza evitará comparações inúteis e o lembrará de que a vida tem coisas boas sim, e que muitas delas merecem ser eternizadas em uma postagem na Ilha das Fantasias. Até porque, mesmo a gente tendo a certeza de que não só existem momentos agradáveis na nossa história, por que haveria de se ter a necessidade ou obrigatoriedade de eternizar ou publicizar o que machuca? É a perda da noção de que a mesma moeda tem dois lados que faz algumas pessoas não saberem aproveitar corretamente esse tipo de mídia e acabam adoecendo a autoestima.

Ao desconstruir a ideia de que se mostrar nessa Ilha das Fantasias é algo unicamente falso e negativo, ou digno de inveja, você protege sua autoestima, porque aprende que, além de um pedido de reconhecimento, as redes sociais são também uma forma que elas encontram de expressar a si mesmas. Por isso, quando você posta recortes positivos da sua vida, acaba por criar a oportunidade de se projetar construindo um mosaico pessoal digital, que é plural e mutante, para interagir com os outros. Então, em vez de reproduzir o discurso que demoniza as redes sociais – até porque elas vieram para ficar –, utilize-as como se você fosse um escritor de literatura que é livre para contar a própria história de diferentes formas e enfatizando os melhores ângulos, e entenda que todos fazem exatamente a mesma coisa.

Isso não é inventar mentiras, mas sim olhar a própria vida – e mostrá-la – com base no que ela tem de bom e entendendo que sua autoimagem pode ser dinâmica. Dessa forma, você não está negando que existem dificuldades ou sofrimentos, até porque você os conhece bem. Só está informando a seu cérebro e a quem o acompanha na internet, que, por mais difícil que a existência possa ser às vezes, ela também tem aspectos positivos a serem observados por você e pelos outros. Você vai conseguir manter sua autoestima bem forte se observar as redes sociais dessa maneira.

2. Mito do exibicionismo exagerado

"Ah, eu acho que essa pessoa se expõe demais!" é outra das expressões que você costuma ouvir ou falar quando a rede social de alguém vira assunto. De fato, a internet potencializou a supervalorização do "eu".

Toda vez que surgir uma nova forma de expressar ideias, principalmente por meio do registro de imagens, textos, narrativas ou vídeos pessoais, sempre vai ter gente para sair acusando outros, dizendo que estão se exibindo além da conta. Pois é, esse sentimento de achar que o outro está fazendo uma superexposição de si próprio vem bem antes da internet.

Quando vamos a museus e vemos aquelas pinturas de pessoas da realeza, temos a noção de que ter um retrato como forma de se exibir, sendo "eternizado" pela sociedade, era algo muito desejado, mas para bem poucos. E esse sentimento de exibicionismo ficou mais forte depois do surgimento da fotografia, na França, popularizada pela invenção do daguerreótipo, que, apesar do nome estranho, era um dispositivo por meio do qual a imagem ficava gravada numa placa de metal, capturada por meio de uma caixa de madeira com uma lente, muito parecida com aquelas que a gente via nas praças ou parques onde sempre tinha um fotógrafo ambulante chamado de lambe-lambe. Dependendo da sua idade, leitor, você não vai fazer a menor ideia do que seja um lambe-lambe. Se esse for o seu caso, fique tranquilo. Eu é que estou ficando velho!

Mas vamos voltar à nossa relação entre fotografia e exibicionismo. Como toda novidade que surge no mundo, a fotografia era bem cara, coisa para poucos. Na Paris de 1850, para tirar uma fotografia, as pessoas tinham de ir até uma oficina de retratos, uma espécie de estúdio, que era propositalmente decorado com muito luxo. Como esses espaços eram frequentados pela burguesia e pelos "novos ricos", filhos da Revolução Industrial, as fotografias sempre realçavam o nível de vida de quem era fotografado. E, claro, ao mesmo tempo que muita gente criticava o dinheiro que era gasto com fotografias, só para se exibir, elas eram sempre muito desejadas. Era uma oportunidade de eternizar seu lugar na sociedade e na história por meio do registro de uma imagem.

Assim como a fotografia nunca mais deixou de existir, é bobagem imaginar que a internet em algum momento deixará de fazer parte da nossa vida. E, guardadas as distâncias, honestamente não penso que façamos nas nossas redes sociais nada tão diferente do que nossos antepassados faziam na Europa do século 19.

O caso é que o tempo passa, as gerações mudam, mas desde sempre fomos movidos a aplausos. Não sei quanto a você, leitor, mas, sendo bem sincero, não tenho nenhum gosto por receber vaias. E é por isso que, quando a gente quer entrar em um grupo ou conhecer uma nova pessoa, a primeira ferramenta que a gente usa para estabelecer uma comunicação é contar aspectos positivos da nossa vida, para transmitir simpatia e criar afinidades. Se nos comportamos assim no mundo presencial, por que faríamos diferentemente nas redes sociais? Acho honesto assumirmos essa necessidade humana de exibição narcísica, bem como reconhecermos que as redes sociais são apaixonantes exatamente por apresentarem a estrutura ideal para alimentar nossa vaidade.

E existe algum problema nisso tudo? Depende. Quando você

se preocupa mais com os aplausos que com o prazer de compartilhar experiências, o jogo vira e sua autoestima se perde na Ilha das Fantasias. Isso porque você começa a fazer coisas diferentes das que gostaria só pelos *likes* e curtidas, oprime sua essência e vira refém da imagem que transmite aos outros. Ou, pior, há quem comece a ver os outros de acordo com a quantidade de seguidores que cada um possui. Vamos ver alguns exemplos práticos do que digo.

- **Quando você não consegue nem começar a comer sem antes fazer um registro do prato. Ou dois, três, até encontrar o "melhor ângulo", muitas vezes sem nem ter certeza de que vai postar aquela imagem.**
- **Quando você está no show do seu artista favorito, mas não consegue simplesmente aproveitar porque se sente compelido a transmitir ao vivo ou a gravar tudo que acontece. Ou seja, você já não percebe que cada segundo gravado são momentos do show a que você não assistiu.**
- **Quando você fica inseguro em uma loja e começa a postar fotos nas redes sociais pedindo a opinião das pessoas para ter certeza de que sua escolha vai agradar aos olhos dos outros.**
- **Quando você começa a tratar de forma mais positiva amigos que possuem muitos seguidores nas redes sociais e a deixar meio de lado os que não são tão populares.**

No momento em que o ser visto e aplaudido ultrapassa qualquer outra necessidade e afeta suas relações sociais presenciais, há um problema a ser cuidado, mas que não está obrigatoriamente ligado à necessidade humana de se exibir. Afinal, como já dissemos, aplausos todos querem e de vaia ninguém gosta.

O comportamento descompensado nas redes sociais surge quando sua autoestima já está frágil e você não sabe lidar com a falta do reconhecimento positivo. Ou seja, podemos não gostar de críticas, mas precisamos saber recebê-las e abraçá-las com maturidade. Mas provavelmente você concordará que quando a maioria das pessoas recebe uma crítica, mesmo as bem-intencionadas "críticas construtivas", geralmente elas apresentam uma dessas três reações: ou se sentem humilhadas e engolem caladas, ou ficam com muita raiva e mesmo assim não revidam, ou ficam com muita raiva e partem para o contra-ataque. Entretanto, existe uma forma mais madura de se reagir diante de uma crítica sem deixar que ela atinja sua autoestima ou faça com que você adoeça, mas para isso você precisará abrir mão do seu orgulho. "Oi? Meu orgulho?". A verdade é essa, bebê. Ouvir críticas, justas ou injustas, tanto faz, só é algo tão insuportável porque você não dá conta do seu orgulho e de sensações traduzidas por frases como "Eu fiquei por baixo", "Eu fui humilhado", "Eu fui injustiçado". Nas redes sociais, como a coisa é pública, aí nem se fala. Quebre essa reação automática tão tóxica para sua autoestima. Você já não é mais criança e pode agir de forma muito melhor do que se deixar ser dominado e conduzido pelo seu orgulho e pela sua vaidade.

Por isso, para frequentar a Ilha das Fantasias sem que sua autoestima seja machucada pelas críticas que com certeza virão atreladas ao seu exibicionismo, aceite que não obter o reconhecimento que você gostaria, no mundo presencial ou virtual, é essencial para seu crescimento como ser humano. Amadurecendo isso em você, sua autoestima se tornará mais firme e pronta para lidar com qualquer tipo de adversidade.

• • •

Ufa! Já caminhamos muito pela ilha, não é verdade? Melhor pararmos por um instante para que você tome alguma coisa, descanse e aprofunde um pouco mais sua reflexão de modo a entender quem é nesse lugar fantástico, que você frequenta diariamente. Afinal, quanto mais você souber sobre si mesmo, menos vulnerável sua autoestima será. Há um local na ilha perfeito para fazermos essa parada. É conhecido como...

É uma delícia poder dar aquela paradinha e tomar um cafezinho para aquecer a alma. Então, não se acanhe e pode entrar. Repare que nesse charmoso café só existem mesas com duas cadeiras, uma de frente para a outra. Apesar da aparência *vintage*, com móveis em tons marrons e vermelhos, o Café dos 2 EUs vai lhe proporcionar uma experiência bem atual. Escolha uma das mesas e sente-se. Mas, desta vez, não poderei dividir a mesa com você.

Ao sentar-se, repare que, automaticamente, a cadeira oposta é ocupada por... outro você! Não fique confuso, leitor. É que o Café dos 2 EUs é o único lugar do mundo onde é possível um encontro do seu eu real, o que você vive no dia a dia, com seu eu virtual, que existe com base nos registros que você deixa nas suas redes sociais. Outra característica do lugar é que enquanto toma sua bebida e aprecia a imensidão do mar internet diante de você, seus dois eus precisam pagar a conta respondendo a um questionário que está sobre a mesa. Responda às perguntas em **preto** pensando em você, na sua rotina, nas coisas que você faz e pensa, nas pessoas com as quais se relaciona. As perguntas em lilás devem ser respondidas observando bem suas postagens nas redes sociais. Pronto para começar?

Café dos 2 EUs

CONTA

ITEM	VALOR
1 CAFÉ PRESENCIAL	3 PERGUNTAS
1 CAFÉ VIRTUAL	3 PERGUNTAS

O que impede o seu eu das redes sociais de ser feliz?

O que impede o seu eu do dia a dia de ser feliz?

Quais os pontos fortes e fracos do seu eu que existe no virtual?

Quais os pontos fortes e fracos do seu eu do mundo real?

Quem é o seu eu virtual sem o seu eu real?

Quem é o seu eu real sem o seu eu virtual?

Ao convidá-lo a pagar a conta com respostas, a ideia foi ajudá-lo a aprofundar essa autorreflexão e entender quem é você nessa Ilha das Fantasias chamada redes sociais. Antes de seguirmos viagem, olhe um pouco mais as respostas e reflita sobre cada uma delas. Aposto que você conseguirá formar conclusões interessantes sobre sua identidade, autoestima e maneira de se comportar nas redes. Mas, além de tudo que você possa ter tirado dessa experiência, há alguns pontos que preciso sublinhar, caso eles lhe tenham passado despercebidos.

1. Entenda que a internet e as redes sociais não são um espelho onde você está refletido tal como é. O seu eu virtual existe apenas como uma ponte entre você e a comunicação global.
2. Seja sempre reflexivo e crítico sobre suas postagens nas redes sociais. Além de aprender mais sobre si mesmo, manter o espírito reflexivo o ajudará a perceber que você é maior e mais múltiplo que a imagem que cria em suas redes sociais, porque sua totalidade humana não cabe em nenhuma plataforma de entretenimento.
3. O seu eu virtual pode existir. Não é preciso anulá-lo só porque ele não é capaz de mostrar você como um todo. Mas tenha sempre em mente que o seu eu virtual só existe porque você o criou e que ele não tem autonomia alguma. Portanto, ele existe como função e não como sujeito. Assim como uma roupa de mergulho permite que se conheça o fundo do mar, ele é o avatar que lhe possibilita frequentar as plataformas de informação, conhecimento e comunicação. Ele faz parte da sua existência, mas nunca existirá sozinho nem deverá ser percebido como uma entidade autônoma vinculada a você.

4. Você leva o seu eu real para viajar ou apenas o seu eu virtual para tirar fotos? Quando vai a um restaurante bacana, escolhe o prato que realmente quer comer ou aquele que o seu eu virtual quer postar? Aquelas pessoas que aparecem ao seu lado nas postagens são amigos do seu eu real ou só estão ali por causa do seu eu virtual? O seu eu real de fato aprecia o livro, o filme ou a música que estão postados nas suas redes sociais? Questionamentos nessa direção serão sempre muito bem-vindos e precisam ser incorporados à sua rotina para que você observe quanto de tempo e energia é gasto com o seu eu virtual. Comprometa-se a dedicar mais horas ao seu eu real. Afinal, o eu virtual é apenas o recorte de momentos da sua existência.

Espero que esse passeio pela Ilha das Fantasias tenha lhe ensinado quão importante é não entregar sua identidade para um eu virtual, pois quem vive e constrói sua história é o seu eu real, e ele o faz da forma como consegue. Por isso, ao compreender que suas imperfeições são perfeitas, já que representam sua versão possível em cada momento do existir, você poderá mergulhar no mar da internet sempre e sem nenhum receio, pois terá mais controle sobre seus sentimentos e será mais livre para fazer escolhas. Ou seja, quando você entende que as redes sociais são suas, e não que você é delas, ataques virtuais, ou mesmo sua inveja da vida alheia, perdem a força sobre sua autoestima e você adoece bem menos. Afinal, quem decide se o mundo virtual será uma arma, uma armadilha ou uma ilha em um calmo mar é você.

Nossa viagem está quase terminando. Até agora, fizemos muitas descobertas em lugares que você provavelmente jamais imaginou visitar. Depois de tantas caminhadas pelo país da sua autoestima, é hora de conhecermos nossa última parada. É um local do qual você sairá renovado e onde algumas das suas competências emocionais responsáveis por você se amar e ser amado serão aperfeiçoadas ou mesmo desenvolvidas. Estou seguro de que será empolgante. Preparado para irmos ainda mais longe em busca de você mesmo e da sua autoestima?

QUINTA PARADA:
O SPA DO EMPODERAMENTO PESSOAL

OS TRATAMENTOS DE SPA TORNARAM-SE UMA DAS FOR-mas mais comuns de as pessoas cuidarem da saúde física e mental por meio de massagens, banhos termais, alimentação balanceada, tratamentos de beleza, atividades físicas e outras práticas relaxantes. Repleto de opções, um spa sempre proporciona o que existe de melhor quando o assunto é bem-estar, usando um conceito que vem da Roma antiga. A história conta que os romanos construíam banhos para os soldados que voltavam da guerra para ajudar a aliviar os sintomas de fadiga e exaustão. No nosso caso, não passamos por uma guerra, mas caminhamos muito pelo país da sua autoestima, não é? Então, nada melhor que terminarmos nosso roteiro em um spa diferente de qualquer outro que você já visitou.

Entre outras coisas, o Spa do Empoderamento Pessoal oferece massagens que reativam seu carisma, tratamentos que vão torná-lo irresistível e atividades que o transformarão numa pessoa ainda mais interessante. Afinal, depois de uma viagem com tantas reflexões e aprendizados, não podemos voltar sem que sua autoestima esteja preparada para criar uma versão melhor de você mesmo. Por isso, é hora de desenvolver comportamentos que vão compor sua identidade daqui para a frente, facilitando sua relação consigo mesmo e com as outras pessoas.

TRATAMENTO 1
Musculação para seu carisma

Sabe aquele tipo de pessoa que começa a falar e a gente para tudo que está fazendo para acompanhar? Ou que consegue passar uma energia muito boa apenas com um sorriso? Essa pessoa tem carisma! Quem tem essa qualidade consegue seduzir, encantar e influenciar os outros de um jeito muito fácil. O carisma aparece de diferentes formas: por meio do jeito de falar, das ações ou das atitudes.

Se eu pedisse para você pensar em alguém carismático, provavelmente viria à sua cabeça o nome de alguma celebridade do cinema, da TV, algum político, algum líder religioso. É ou não é? Mas, se você pensar um pouco mais, verá que a seu redor, no seu dia a dia, também existem pessoas carismáticas. Pode ser um colega de trabalho que encanta todo mundo, aquele seu vizinho que é superpopular e que todos respeitam. Ou o vendedor da padaria que você frequenta, que, mesmo sem você se dar conta, o faz gostar de comprar lá porque lhe dá um sorriso animador, além de conselhos sobre os produtos que pretende adquirir. É aquela pessoa que chega em um ambiente e é capaz de transformar o clima em algo extremamente prazeroso. Ela é admirável e todos prestam atenção em cada gesto ou palavra que ela diz. Pessoas de qualquer idade, classe social ou grau de instrução podem ser carismáticas e, por isso, são encontradas em toda parte.

Então, será que dá para desenvolver o carisma? Dá sim, bebê! Porque a base do carisma são as competências na forma de se comunicar. Esse tipo de talento pode ser aprendido, melhorado ou desenvolvido. Por isso, é possível sim desenvolver seu carisma, mesmo partindo do zero.

Vejamos, então, algumas características que podem transformá-lo em uma pessoa carismática se você as desenvolver. E, de quebra, alguns exercícios para tornar esse carisma mais forte!

1. Fale de forma confiante

Falar de forma confiante não significa falar mais que os outros, ou mais alto, ou de forma mais agressiva. O que quero dizer é que você deve escolher o que vai falar, falar coisas relevantes e falar daquilo em que acredita, com convicção, mas de um jeito descontraído e claro. Porque falar alto e de forma agressiva, em vez de carismático, é chato. Então, tente variar o tom, o ritmo e o volume da sua voz na hora em que você estiver expondo suas ideias para que as pessoas possam continuar estimuladas a ouvir e achar tudo interessante.

Eis um exercício legal que vai ajudá-lo a falar de forma mais confiante. Pense em um tema de que você realmente goste. Pode ser desde a análise do livro *Em Busca do Tempo Perdido*, de Marcel Proust, até sua opinião sobre sanduíches de salame. A erudição do assunto é irrelevante. O importante é que você se sinta motivado para conversar a respeito. Grave-se falando sobre o que escolheu, depois escute-se e faça uma avaliação. Que sentimento minha voz me passa? Confiança, insegurança, respeito, medo, antipatia... E não estou nem falando em achar a própria voz estranha, até porque isso é normal. Quando você fala, escuta a voz que ressoa na sua caixa craniana; quando se ouve gravado, a voz parece diferente porque você a escuta de fora, como os outros. Então, esqueça esse estranhamento da voz gravada e se concentre apenas no sentimento que ela lhe passa. Você vai se surpreender com o resultado e terá uma noção mais exata de como os outros se sentem diante da sua forma de falar.

Depois, repita o exercício, agora prestando atenção nos pontos que acha que precisa melhorar, como falar com mais segurança, melhorar o volume ou a firmeza da voz, demonstrar mais tranquilidade, garantir mais empolgação. Pode ser que você sinta necessidade de ajustar diferentes aspectos do seu jeito de falar, e, a cada vez que refizer esse exercício, vai conseguir perceber quanto está evoluindo.

2. Tenha uma linguagem corporal expressiva e marcante

Para formarem uma ideia a seu respeito, as pessoas começam julgando aquilo que os olhos delas estão vendo. Por isso, sua linguagem corporal é fundamental para causar uma boa primeira impressão.

Então, é hora de observar e entender o que sua forma de usar as mãos, seus olhares, posturas e expressões faciais estão dizendo quando você se comunica. Em outras palavras, quando você fala com os outros, o que sua linguagem corporal transmite? Nervosismo, frieza, tédio, insegurança? E não estou querendo que você vire um ator de teatro ou de novela na hora de se comunicar, longe disso. A grande questão nesse aspecto é perceber se o que o que sai de sua boca é compatível com a mensagem que sua postura corporal está passando. Para que você seja carismático, essa coerência entre fala e corpo é fundamental, pois, se houver sincronia entre sua fala, sua postura e seus gestos, o que você disser vai acabar criando uma marca na alma de quem o estiver ouvindo, além de passar a impressão de que você é alguém competente e digno de confiança.

Um exercício simples, mas que vai ajudar a integrar sua linguagem verbal com a corporal e aumentar seu carisma é o seguinte. Observe-se diante de um espelho e converse com você mesmo, como se sua imagem fosse seu interlocutor. Para onde vai seu olhar? Você olha nos olhos de quem está à sua frente? Que gestos faz com as mãos? Seu nariz é empinado como o de uma pessoa arrogante? Seu peito é estufado como alguém que se sente superior? Sua imagem parece tímida ou ousada? Entenda que as pessoas conseguem sentir sua verdadeira emoção e o que de fato se passa em seu coração só olhando para você. Então, para que suas palavras soem coerentes, faça esse exercício do espelho por vários dias. Vá se observando e descobrindo quais impressões você tem ao se ver falando (porque são as mesmas que os outros terão) e vá entendendo o que precisa ser melhorado na sua linguagem corporal para que ela seja expressiva, marcante e congruente. Mas lembre-se de que, embora esses gestos possam ser praticados e melhorados, precisam se tornar naturais e passar a fazer parte de você. Não pode parecer artificial ou forçado.

3. Importe-se verdadeiramente com os outros

Se você quer ser carismático, você quer ser aquela pessoa que é escutada, que influencia e que desperta a atenção e a confiança dos outros. Mas isso só vai acontecer se você mostrar interesse sincero pelos que estiverem ao seu redor. Então, faça as pessoas sentirem que as coisas que elas passaram ou estão passando são importantes para você, e que você se sente bem conversando com elas.

Quando se comunicar com alguém, pense que você sempre tem o que aprender com as experiências e histórias dessa pessoa. E, se você não estiver genuinamente interessado, se estiver fingindo ou tentando manipular, simplesmente não vai funcionar. Porque essa é a diferença entre o carismático e o manipulador: o carismático se importa de verdade. E se você é do tipo que acha que as pessoas raramente são interessantes, ou que todo mundo é igual e entediante, jamais terá carisma.

Por isso, se esse é o seu caso, quebre essa forma de pensar abrindo seu coração para perceber que todo mundo, por mais diferente que seja de você, tem sentimentos que merecem ser respeitados e valorizados, por mais que não façam sentido na sua cabeça ou que lhe pareçam bobos.

Um exercício fácil para desenvolver uma escuta mais verdadeira e empática é: ouça os outros de forma curiosa, como se você lesse um livro e tentasse compreender a personagem principal da história. Para isso, é extremamente importante que você, caso tenha esse mal costume, não fique pensando no que vai responder enquanto o outro fala. Procure permanecer presente e concentrado na conversa. E, para ajudar a pessoa a ter certeza de que você está mesmo interessado e atento ao que ela diz, faça um breve contato físico, pode ser um simples toque no ombro. Isso vai sublinhar para quem está falando que você está presente e se mostra receptivo e empático. Além de se sentir acolhida, a pessoa vai percebê-lo como alguém profundamente carismático.

Além disso, tenha em mente que a conversa não deve ser uma competição de quem tem as melhores ou maiores experiências. Pois há pessoas que, quando ouvem algo como "Meu cachorrinho está doente", vão logo dizendo: "Ah, mas meu cachorro teve uma doença muito pior. Quase morreu, coitado", julgando sua experiência sempre maior ou melhor que a de seu interlocutor. Em vez de atropelar o discurso do outro jogando suas vivências na conversa, você se mostrará muito mais acolhedor se estimular a pessoa a falar sobre a situação dela. Com certeza, ela vai se sentir importante e ouvida. Quanto a você, chegará sua hora de contar suas histórias e é muito provável que a pessoa retribua a atenção que recebeu.

4. Tenha bom humor

Buscar sempre o caminho do bom humor na sua rotina é essencial para melhorar e ampliar sua relação com os outros. Afinal, você não deve gostar de estar ao lado de pessoas rabugentas, que só sabem reclamar das coisas e não conseguem fazer o mínimo esforço para serem um pouco agradáveis. Por outro lado, alguém que busca sempre mostrar bom humor, mesmo que não pareça ter motivos para isso, acaba atraindo outras pessoas. Afinal, sempre ficamos mais dispostos e motivados quando nos conectamos com gente que traz energias mais alegres.

Pessoas genuinamente bem-humoradas não veem as preocupações como maiores do que realmente são e, por isso, acabam por resolvê-las com mais facilidade. Por outro lado, os mal-humorados tendem a acentuar os problemas, achando que não merecem as dificuldades pelas quais estão passando ou se sentindo injustiçados pelo mundo. Ou seja, como percebem tudo de um jeito mais negativo, sentem-se incapazes de resolver as dificuldades, o que resulta numa queda significativa da autoestima.

É importante observar que tanto o bom quanto o mau humor são amplamente contagiosos. Tem gente com um mau humor tão evidente que transforma um ambiente tranquilo em perturbador, onde todos ao redor acabam entrando numa sintonia de baixo astral. Ao mesmo tempo, pessoas mais alegres acabam deixando aquelas que estão próximas bem mais relaxadas, e seu bom humor é capaz de transformar positivamente a atmosfera de um local. E, quando estou falando em bom humor, não estou querendo que você saia contando piadas por aí e gargalhando feito um bobo da corte. Até porque, dependendo do momento em que se conta uma piada ou se tira sarro de uma situação, isso pode até parecer grosseria. Refiro-me ao bom humor como um estado de ânimo, que aparece mesmo em pequenos atos, como distribuir sorrisos.

Um exercício interessante para desenvolver seu bom humor é obrigar-se a rir de si mesmo, dos seus defeitos, medos e falhas. Isso não é se ridicularizar ou se depreciar na frente dos outros, muito pelo contrário. Ao adotar essa postura, você transmitirá para as pessoas sua autoconfiança e todos vão ter muito mais admiração e respeito por você. Ou seja, mostre ao mundo que conhece seus defeitos e falhas, e que sabe brincar com isso. Quando conseguimos deixar que os outros riam da gente, e quando rimos de nós mesmos sem nos sentirmos afetados ou ofendidos, isso acaba sendo percebido como um sinal de carisma.

TRATAMENTO 2
Massagem para despertar seu lado irresistível

Você acha que para ser irresistível precisa ser bonito? Pois está pensando errado. Tem gente que é bonita, mas é tão sem sal que ninguém quer por perto. Às vezes, essas pessoas até conseguem chamar a atenção pela aparência, mas, depois de cinco minutos de conversa, tornam-se desinteressantes. Sua transformação numa pessoa irresistível não vai depender de músculos trabalhados na academia, nem de um cabelo moderninho, muito menos de suas roupas. Ao contrário do que a maioria pensa, o que torna alguém irresistível não é a aparência.

Antes de continuarmos, abro um parêntese para fazer uma rápida observação. Se você, leitor ou leitora, é do time das pessoas que acreditam que para ser interessante basta ter muito dinheiro no banco, para, bebê! Honestamente, espero que não acredite nesse tipo de bobagem, mas, por via das dúvidas, vou deixar mais claro: quando seu dinheiro desperta o interesse das pessoas, você continua desinteressante, porque o que está atraindo o interesse é o dinheiro. Ou seja, se sua fortuna passasse para as mãos de outra pessoa, o interesse que você jurava ter despertado nos outros iria embora junto com o dinheiro. Isso porque você, na sua essência, nunca foi percebido ou percebida como interessante. Esclarecido esse ponto, voltemos a falar da sua aparência física.

É claro que a aparência tem um papel importante nas dinâmicas de interação social e consequentemente na sua autoestima. Negar isso seria bobagem. Mas o que estou dizendo é que sua aparência é apenas uma introdução quando o assunto é ser amorosamente irresistível. Porque beleza pode até servir, e serve mesmo, para atrair uma pessoa sexualmente, mas não vai fazê-la amar você. Aposto que ao menos uma vez na vida você já conheceu uma pessoa que achava linda, mas ela se mostrou tão desinteressante que, depois, acabou ficando feia. E estou dizendo fisicamente feia. Era o mesmo corpo, mas você já não achava mais bonito. É aquela experiência de sair com o príncipe ou com a princesa que virou sapo. Acho que você sabe exatamente do que estou falando.

Agora que você entendeu o que conversamos acima, é hora de começar a prometida massagem que despertará seu lado envolvente. E ela é bem simples. Para você se tornar uma pessoa realmente irresistível, apenas pare de querer agradar! Parece contraditório, mas não é. Querer agradar é a técnica que você usa no começo da vida, quando quer ganhar a aprovação e o amor de seus pais. Acontece que o que funcionava para torná-lo irresistível e amado quando criança não funciona mais na idade adulta. Isso porque tentar agradar a toda hora faz você ficar dependente do olhar e da aprovação dos outros, e passa a sensação, mesmo que inconsciente, de que você é dependente. E dependência definitivamente não é algo nem um pouquinho sedutor, porque ninguém quer se sentir responsável por você. Pessoas adultas se sentem atraídas por quem anda ao lado delas, compartilha opiniões diferentes e divide responsabilidades.

Parar de querer agradar significa, também, que você não precisa do olhar do outro para gostar de você mesmo. Ou seja, pare de procurar a aprovação exterior para se aceitar e se respeitar com suas virtudes e defeitos. Fazendo assim, você vai ser capaz de dizer as coisas que pensa, vai se sentir feliz sozinho ou acompanhado, vai se tornar uma pessoa divertida e espontânea, e potencializará muito sua autoestima. E não existe nada mais irresistível que uma pessoa que consegue passar a sensação de que se aceita, se respeita e toma conta dos próprios medos e fragilidades.

Só tenha cuidado para não confundir parar de viver querendo agradar com se tornar uma pessoa chata. Ninguém acha irresistível uma pessoa arrogante e que tenta passar a ideia de que não precisa de nada e não se importa com ninguém. Até porque tanto viver querendo agradar como viver querendo se mostrar superior a tudo e a todos dá no mesmo. É viver em função do outro e não conseguir ser você mesmo. Portanto, comece já a ser uma pessoa autêntica, que vive a verdade dos próprios sentimentos e fragilidades, livre da obrigatoriedade imaginária de sempre ter de agradar aos outros para ser aceita ou querida. Isso com certeza fará de você alguém irresistível.

TRATAMENTO 3
Dieta para ser uma pessoa interessante

Tem gente que corre da palavra "dieta" como o diabo foge da cruz. Mas é preciso dar o braço a torcer: quando seguida da forma correta, uma dieta pode trazer resultados impressionantes para a saúde física e mental. E é exatamente para garantir as transformações que você tanto busca nessa viagem que é importante dar uma olhada nesse cardápio especial, desenvolvido pelo Spa do Empoderamento Pessoal para que você se torne alguém mais interessante, com muito mais capacidade de atrair pessoas (também interessantes) ao seu redor.

Essa dieta é muito eficaz principalmente para quem diz que se cuida, que faz o possível para manter uma boa aparência, que busca um bom nível cultural, acha que sabe conversar, mas que, no fim das contas, sente que nada disso parece suficiente, e acaba sempre sendo deixado de lado.

As opções são deliciosas, aproveite! Tenho certeza de que você vai gostar de manter essa nova rotina para nutrir sua alma.

CARDÁPIO 1
ALIMENTE-SE DE VOCÊ

Se você é o tipo de pessoa que vive ansiosa, dizendo que precisa ter alguém especial na vida, ou mesmo que necessita ter muitos amigos que gostem de você para se sentir feliz, você está transbordando carência. E nada é mais desinteressante para os outros que seu vazio interior. Por outro lado, se você é alguém que se sente feliz ao encontrar novos amores ou amigos, mas considera que seus projetos e sua motivação continuarão a existir mesmo que essas pessoas precisem partir, isso cria uma admiração no cérebro de quem está a sua frente, uma espécie de corrente elétrica que o fará ser percebido como alguém profundamente interessante. Ponha uma coisa na cabeça: somos automaticamente atraídos por pessoas que sabem se alimentar da própria essência e não precisam dos outros como um bote salva-vidas para alcançarem a própria felicidade.

CARDÁPIO 2
BEBA MUITOS PROJETOS DE VIDA

Imagine que você encontrou alguém, para amar ou simplesmente para ter uma grande amizade, e esse alguém é cheio de projetos, planos, sonhos, e sente prazer em dividir com você o que tem feito para atingir esses objetivos. Agora, imagine o outro lado da moeda. Você encontrou outra pessoa, com mesmo tipo físico da anterior, o mesmo trabalho, as mesmas roupas, mas que, ao conversar com você, diz que o maior projeto de vida que ela tem é comprar o abadá para o próximo carnaval, ou perder tantos quilos, ou assistir ao próximo campeonato de futebol, pequenas coisas, que também são objetivos, mas que, na prática, não deveriam ser engrandecidos como um projeto de vida. E aí, diante dessas duas pessoas, diga-me, leitor: qual delas você acharia mais interessante? Pessoas criativas, motivadas e com objetivos de vida também são entendidas pelo nosso cérebro como pessoas interessantes.

Porque você pode até não ter presente, mas aos olhos do outro você precisa ter futuro. Por isso, coloque no seu cardápio projetos de vida e beba cada um deles. Garanto que isso fará de você alguém extremamente interessante.

CARDÁPIO 3
LANCHE GENEROSAS FATIAS DE PACIÊNCIA

Pessoas que querem que tudo seja no tempo e na hora em que elas precisam normalmente não conseguem lidar bem com a frustração e tendem a achar tudo chato, aborrecido ou sem valor. Quando consegue aceitar que nem o mundo nem as pessoas giram na velocidade que você gostaria, merece ou precisa, você começa a entender que cada situação tem um tempo próprio e que muitas vezes a única coisa que está sob seu controle é ter paciência e esperar. Por isso, aprenda a desenvolver sua paciência entendendo que a vida é como uma empolgante aventura, cujos capítulos precisam ser saboreados lentamente, à medida que vão se desenrolando. Até porque, às vezes você quer apressar momentos ou resultados para os quais, mesmo sem perceber, ainda não está pronto. Como, por exemplo, viver situações ou conhecer pessoas que, se aparecessem naquele momento que sua impaciência queria, talvez você colocasse tudo a perder. Pessoas pacientes são, sem dúvida, muito mais interessantes que outras que vivem irritadas, ou azedas, reclamando do que aconteceu, do que está acontecendo e do que vai acontecer.

Deixei para o final nossa visita ao Spa do Empoderamento Pessoal, porque os efeitos desses tratamentos acontecem a longo prazo, com mudanças diárias, contínuas, mas recompensadoras. Tudo que você vivenciou e refletiu vai se juntar aos seus suvenires dessa viagem, e você vai poder mostrar para todo mundo, com orgulho, essa sua versão mais carismática, mais interessante e irresistível. E isso com certeza vai repercutir positivamente no país da sua autoestima, na medida em que você vai se permitir viver de forma mais leve, mais prazerosa, muito mais em paz e otimista com você mesmo.

Hora de fazermos o *check-out* desse *resort* e começarmos o caminho de volta. Na hora de organizar sua bagagem para esse retorno, certifique-se de que está carregando malas renovadas, repletas apenas de coisas que lhe trazem força interna, aperfeiçoamento humano e capacidade de realização pessoal. Afinal, tudo que escolher colecionar dessa nossa viagem estará em você daqui para a frente. Tudo pronto? É hora do nosso retorno.

conclusão

VOLTAR É O COMEÇO DE UMA NOVA PARTIDA

ESTOU DE VOLTA AO MEU APARTAMENTO, NA FRENTE do computador. Ao finalizar o diário de bordo desta nossa viagem, pensando em todos os lugares que visitamos juntos e em quão transformador isso deve ter sido para você, sinto que precisamos refletir sobre uma última questão importante que talvez possa surgir quando você perceber que está com sua autoestima cada vez mais forte e positiva.

> *"Será que ter uma autoestima fortalecida e me sentir empoderado, valorizado e priorizado por mim mesmo, vai me tornar uma pessoa egoísta?"*

Se entendermos que a autoestima (a visão que você tem de si mesmo) carrega consigo a autoconfiança (quanto você acredita nas suas habilidades) e o amor-próprio (a capacidade de se gostar com todos os defeitos e qualidades, e buscar o que é bom e prazeroso para você), esse medo de se tornar uma pessoa egoísta tem sua razão de ser. Porque existe mesmo uma linha tênue que separa – ou que une – o amor, aí incluído o amor-próprio, ao egoísmo.

"O psicólogo endoidou? Amor verdadeiro, para valer, é aquele sentimento puro e incondicional, e com certeza jamais se aproximaria do egoísmo!"

Será mesmo?

Lembro-me bem de um caso, acontecido em 2007 em uma cidade do interior de São Paulo. O fato repercutiu bastante na imprensa da época. Um garoto de oito anos começou a se afogar em um reservatório com quatro metros de profundidade. A mãe, mesmo sem saber nadar, não pensou duas vezes e se jogou na água. Felizmente, ela conseguiu salvar a criança da morte e, por sorte, foi retirada da água por dois homens que estavam fazendo um trabalho fotográfico próximo ao reservatório. Aos jornalistas, ela disse: "Tinha que pular, era o único jeito de salvar meu filho". Esse foi, sem dúvida, um ato de profundo amor e heroísmo, e disso ninguém discorda.

Mas, analisando friamente a situação, será que só o amor foi a força motriz que fez essa mãe arriscar a vida para salvar o filho? Na verdade, não. O medo da dor de perder alguém tão amado, de vê-lo morrer e não suportar viver com o fantasma da culpa dessa cena pavorosa, mesmo de forma inconsciente também pesou e fez com que a mãe pulasse no reservatório. Ela jogou-se na água por ele, mas também por ela, e, sob essa perspectiva, o amor e o egoísmo acabam se encontrando.

Qualquer movimento amoroso humano, incluindo o amor-próprio, terá sempre uma fatia de egoísmo. Quer outro exemplo bem comum? As pessoas que fazem caridade. Elas de fato querem ajudar quem precisa, mas também o fazem porque se sentem bem ou porque ajudar o outro dá um sentido para a vida delas. Do mesmo modo, quando prepara um jantar surpresa para aquela pessoa especial, você o faz por amor a ela, mas também porque quer que seu amor seja correspondido. Os atos de amor são pelo outro, mas sempre haverá um "por mim".

Não se decepcione com a humanidade ao compreender esse aspecto do movimento amoroso. O que você precisa é saber que, ao contrário do que lhe ensinaram, o egoísmo nem sempre é uma desvirtude, porque é um sentimento plural que se divide em dois tipos.

1. O "egoísmo perverso", que é quando a pessoa quer tudo para si, todos os prazeres, bens, tudo que existir de melhor, mesmo que para isso precise atropelar os demais. Esse é o egoísmo que estamos acostumados a condenar.
2. O "egoísmo virtuoso", que busca a satisfação e o conforto pessoal, mas considerando também o bem dos outros e da comunidade de modo geral. É a esse segundo tipo que o amor verdadeiro se liga.

Então, fique tranquilo. Você pode viver sua autoestima e seu amor-próprio numa boa, mantendo uma ligação com seu egoísmo virtuoso e bloqueando o egoísmo perverso do seu modo de funcionamento mental. Como fazer isso sem se anular ou sufocar sua essência? Negociando, articulando quando houver discordâncias ou conflitos e, sobretudo, abrindo-se sempre para o diálogo e para a vida em coletividade. Isso também faz parte do saber se amar.

Volto a ler o e-mail que me fez tomar a decisão de iniciar este novo livro e torço para que essa nossa jornada chegue às mãos da pessoa que me escreveu. Ela, que disse já ter viajado aos quatro cantos do mundo em busca de respostas que a levassem a encontrar um amor, quando estiver com um exemplar igual a este que você está lendo, vai descobrir que, para ser amada pelo outro, antes é preciso se aventurar a descobrir o país da autoestima, fortalecendo a autoconfiança e o amor-próprio.

Foi para você entender isso que seguimos juntos visitando a fábrica da felicidade, a Rua dos Julgamentos, a Casa do Mágico, a Cidade dos Projetos Fracassados e muitos outros lugares, de modo que você pudesse reconhecer seu mundo interior, ter respeito próprio e se gostar cada vez mais. Fomos em tantas direções que acabamos esbarrando em múltiplos caminhos, tantos quanto os que estavam diante de Alice perdida em um admirável, e nebuloso, País das Maravilhas.

Na fábula, há um momento em que Alice, diante de várias placas que indicam diferentes rumos, diz ao gato invisível que está aflita porque acredita que precisa chegar logo a algum lugar. Só que o sagaz felino rebate dizendo que, quando não se sabe aonde se quer ir, qualquer caminho serve. Na verdade, o que o gato quis ensinar a Alice é que é preciso se perder para se encontrar e que só conseguimos encontrar a resposta sobre qual caminho seguir perguntando a nós mesmos. Afinal, quando viajamos ao nosso interior, todos os caminhos são válidos, já que a viagem pela nossa subjetividade é uma experiência única e, em si mesma, intransferível, com diferentes e legítimas possibilidades de partidas e chegadas.

Portanto, é possível se tornar uma pessoa emocionalmente saudável e com uma autoestima cheia de segurança questionando as rotas que tinham sido criadas não por você, mas por seu meio familiar, social e cultural, e explorando dentro de si mesmo a capacidade de se multiplicar em personagens e descobrir potencialidades. Porque a maior questão dessa viagem não é apenas aprender a amar quem você é, mas amar as muitas versões de você que habitam seu ser. Na hora em que você respeitar a riqueza da sua diversidade de emoções, e ao mesmo tempo se der conta de quanto sua alma é singular, todas as capacidades para se amar vão se destacar, e o mundo das relações amorosas estará ao seu alcance, porque você vai se sentir dono de si mesmo e vai poder escolher se quer se dividir com outra pessoa. E, quando o fizer, não será por precisar de alguém para conseguir existir.

Com todas essas descobertas feitas durante o percurso da viagem, acho que está na hora de responder ao e-mail que deu origem a este livro.

Penélope,

Agradeço demais sua mensagem, pois ela provocou em mim questionamentos interessantes e necessários. Suas palavras me motivaram a escrever um livro inteiramente novo, para quem busca encontrar um amor, mas que nunca entendeu que, para isso, primeiro é preciso atravessar a ponte do aprender a casar-se consigo mesmo.

Não por acaso, escolhi proteger sua identidade dando-lhe o pseudônimo da heroína mítica Penélope. A história dela tem uma lição para você levar daqui para a frente.

Conta o mito que, um ano depois de ter se casado, o marido dela, o rei Ulisses, teve de seguir para a Guerra de Troia. O tempo passou e o pai de Penélope, acreditando que o genro havia morrido em batalha, pediu-lhe que se casasse novamente. Penélope, cheia de esperança, disse que aguardaria a volta do marido. Com o seguir dos meses, a pressão por um novo casamento cresceu, até que manter a recusa se tornou algo insustentável. Esperta, ela disse ao pai que estava trabalhando em uma peça de tapeçaria e que, quando a concluísse, tornaria a se casar. O que ninguém sabia era que, durante o dia, aos olhos de todos, Penélope trabalhava tecendo, mas à noite, secretamente, desfazia parte do que havia tecido.

Lendo seu relato, não pude deixar de vê-la como uma Penélope da atualidade, esperando o dia em que o amor vai chegar, como aqueles que, segundo você mesma, seus olhos veem em séries, filmes e livros. Entretanto, ao contrário de você, que se tornou *expert* em consumir conteúdos que a deixam parada na borda do existir, a personagem mítica aguardava o amor fazendo e desfazendo os nós de um tapete, representação de uma metáfora dela própria às voltas com a solidão.

Em seu e-mail, você disse saber pouco sobre si mesma e ansiar por ter um amor na vida. Recomendo que, em vez de apenas buscar na boa vontade do mundo e no conhecimento dos livros as formas para fazer um amor acontecer, dedique-se a tecer sua melhor versão de si mesma. Assim como Penélope, vai ser necessário ter paciência para fazer, desfazer e refazer seus próprios nós. Então, entrelace os fios do autoconhecimento, faça e desfaça os nós das suas crenças, junte as cores dos sentimentos de que você mais gosta e crie um belo universo interior. Quanto mais você investir na sua essência, mais atraente ficará.

Sobre o fato de você não amar o casamento que ajudou a construir, e por isso ter desistido do rio da paixão e se deixado secar, digo-lhe que nenhum amor vai chegar até que você desconstrua a tapeçaria que o mundo espera que você tenha ou que a ensinou a ter. É hora de se redesenhar seguindo a vida e a imagem que você quer para si. E que ela seja espelho da sua verdade interior. Só quando não faltar nenhum nó no tapete que a retrata, sua autoestima estará pronta para se fazer plural e viver o nós, com outra pessoa, sem esperar que ela preencha os espaços da sua alma. Porque seu mundo afetivo, com todas as lacunas que possa ter, será seu e você se sentirá confortável nele.

Também não se surpreenda ao descobrir que as cores e desenhos da sua tapeçaria são fluidos. Eles continuarão mudando, se desfazendo à noite e sendo refeitos de dia, já que somos seres em eterna construção. E que bom que é assim. A vida só vale a pena ser experimentada exatamente pelas oportunidades que sempre teremos de autotransformação.

Quanto aos defeitos que podem ficar evidentes nesse seu bordado, não se preocupe. O que importa é que você ame a tapeçaria do jeito que ela for, porque vai ser o resultado da sua humanidade imperfeita. E isso é motivo para se orgulhar, sempre! Independentemente do que possam pensar os outros.

Só se lembre de manter cada ponto unido e bem amarrado à sua personalidade. Fazendo assim, chegará o momento em que você vai se sentir tão bem consigo mesma que despertará quem também esteja interiormente pronto para trocar o amor que você tanto deseja. Afinal, a arte de amar, desamar, amar de novo só será alcançada quando você souber fazer isso, primeiro, consigo mesma. Para tanto, comece dando-se o simples e necessário direito de gostar de ser quem verdadeiramente você é.

Ao ter respeito por si mesma, desenvolvendo sua autoestima e apossando-se dela, você finalmente compreenderá que, ao contrário do que escreveu, a viagem termina sim com o encontro dos apaixonados. Porque a cada vez que voltamos para nós mesmos, começamos uma nova partida rumo à aventura do se amar e do existir à nossa maneira. Tome posse de você, e encontrará o amor. Pense nisso!

Marcos Lacerda

deixam parada na borda do existir, a personagem mítica aguardava o amor fazendo e desfazendo os nós de um tapete, representação de uma metáfora dela própria às voltas com a solidão.

Em seu e-mail, você disse saber pouco sobre si mesma e ansiar por ter um amor na vida. Recomendo que, em vez de apenas buscar na boa vontade do mundo e no conhecimento dos livros as formas para fazer um amor acontecer, dedique-se a tecer sua melhor versão de si mesma. Assim como Penélope, vai ser necessário ter paciência para fazer, desfazer e refazer seus próprios nós. Então, entrelace os fios do autoconhecimento, faça e desfaça os nós das suas crenças, junte as cores dos sentimentos de que você mais gosta e crie um belo universo interior. Quanto mais você investir na sua essência, mais atraente ficará.

Sobre o fato de você não amar o casamento que ajudou a construir, e por isso ter desistido do rio da paixão e se deixado secar, digo-lhe que nenhum amor vai chegar até que você desconstrua a tapeçaria que o mundo espera que você tenha ou que a ensinou a ter. É hora de se redesenhar seguindo a vida e a imagem que você quer para si. E que ela seja espelho da sua verdade interior. Só quando não faltar nenhum nó no tapete que a retrata, sua autoestima estará pronta para se fazer plural e viver o nós, com outra pessoa, sem esperar que ela preencha os espaços da sua alma. Porque seu mundo afetivo, com todas as lacunas que possa ter, será seu e você se sentirá confortável nele.

Também não se surpreenda ao descobrir que as cores e desenhos da sua tapeçaria são fluidos. Eles continuarão mudando, se desfazendo à noite e sendo refeitos de dia, já que somos seres em eterna construção. E que bom que é assim. A vida só vale a pena ser experimentada exatamente pelas oportunidades que sempre teremos de autotransformação.

Quanto aos defeitos que podem ficar evidentes nesse seu bordado, não se preocupe. O que importa é que você ame a tapeçaria do jeito que ela for, porque vai ser o resultado da sua humanidade imperfeita. E isso é motivo para se orgulhar, sempre! Independentemente do que possam pensar os outros.

Só se lembre de manter cada ponto unido e bem amarrado à sua personalidade. Fazendo assim, chegará o momento em que você vai se sentir tão bem consigo mesma que despertará quem também esteja interiormente pronto para trocar o amor que você tanto deseja. Afinal, a arte de amar, desamar, amar de novo só será alcançada quando você souber fazer isso, primeiro, consigo mesma. Para tanto, comece dando-se o simples e necessário direito de gostar de ser quem verdadeiramente você é.

Ao ter respeito por si mesma, desenvolvendo sua autoestima e apossando-se dela, você finalmente compreenderá que, ao contrário do que escreveu, a viagem termina sim com o encontro dos apaixonados. Porque a cada vez que voltamos para nós mesmos, começamos uma nova partida rumo à aventura do se amar e do existir à nossa maneira. Tome posse de você, e encontrará o amor. Pense nisso!

Marcos Lacerda

Créditos de Ilustrações/imagens

Capa, contracapa, pgs. 1, 3	Designed by macrovector; designed by Sketchepedia / Freepik.com
Pgs. 6, 7, 16, 17, 46, 47, 78, 79, 108, 109, 123, 136, 137, 168, 169	Designed by macrovector / Freepik.com
Pgs. 7, 17, 47, 79, 109, 137, 154, 169	Designed by Freepik / Freepik.com
Pgs. 10, 54, 65, 119	Designed by sentavio / Freepik.com
Pgs. 20, 23, 30, 31, 40, 52, 60, 66, 67, 68, 69, 83	Designed by Anatoly / Flaticon.com
Pgs. 33, 90, 91, 92, 95, 96, 98, 102, 105, 124, 174	Designed by Freepik / Flaticon.com
Pg. 36	Designed by catkuro / Flaticon.com
Pg. 73	Designed by ibrandify / Freepik.com
Pg. 89	Designed by Wichai.wi / Flaticon.com
Pgs. 90, 91, 92, 95, 96	Designed by Harryarts / Freepik.com
Pgs. 117, 118, 121	Designed by pch.vector / Freepik.com
Pg. 149	Designed by Fuzzzle.co / Freepik.com
Pgs. 149, 150	Designed by Muammark / Freepik.com
Pg. 150	Designed by kues1 / Freepik.com
Pgs. 164, 165, 166	Designed by Vecteezy / Vecteezy.com

SUA OPINIÃO É MUITO IMPORTANTE

Mande um e-mail para **opiniao@vreditoras.com.br** com o título deste livro no campo "Assunto".

1ª edição, maio 2021
FONTE   Crimson Pro Light 12,5/16,3pt;
            Josefin Sans Bold 15/16,3pt
PAPEL   Polen Bold 70g/m²
IMPRESSÃO   Gráfica Santa Marta
LOTE   GSM18717